Managerial Power,
Pay Dispersion and Company Value

管理者权力、薪酬差距与公司价值

张丽平 ———— 著

中国社会科学出版社

图书在版编目(CIP)数据

管理者权力、薪酬差距与公司价值/张丽平著. —北京：中国社会科学出版社，2020.3（2020.7 重印）
ISBN 978-7-5203-5584-1

Ⅰ.①管… Ⅱ.①张… Ⅲ.①企业管理—管理人员—研究 Ⅳ.①F272.91

中国版本图书馆 CIP 数据核字（2019）第 249093 号

出 版 人	赵剑英
责任编辑	耿晓明
责任校对	季　静
责任印制	李寡寡

出　　版	中国社会科学出版社
社　　址	北京鼓楼西大街甲 158 号
邮　　编	100720
网　　址	http://www.csspw.cn
发 行 部	010-84083685
门 市 部	010-84029450
经　　销	新华书店及其他书店
印　　刷	北京明恒达印务有限公司
装　　订	廊坊市广阳区广增装订厂
版　　次	2020 年 3 月第 1 版
印　　次	2020 年 7 月第 2 次印刷
开　　本	710×1000　1/16
印　　张	12.75
插　　页	2
字　　数	170 千字
定　　价	68.00 元

凡购买中国社会科学出版社图书，如有质量问题请与本社营销中心联系调换
电话：010-84083683
版权所有　侵权必究

目　录

第一章　绪论 …………………………………………………（1）
　第一节　选题背景与意义 ……………………………………（1）
　　一　研究背景 ………………………………………………（1）
　　二　选题意义 ………………………………………………（7）
　第二节　研究内容与研究框架 ………………………………（8）
　　一　研究内容 ………………………………………………（8）
　　二　研究框架 ………………………………………………（10）
　第三节　研究思路与方法 ……………………………………（10）
　　一　研究思路 ………………………………………………（10）
　　二　研究方法 ………………………………………………（11）
　第四节　研究贡献与创新 ……………………………………（11）
　第五节　相关概念界定 ………………………………………（13）
　　一　管理者 …………………………………………………（13）
　　二　管理者权力 ……………………………………………（14）

第二章　理论基础与相关理论适用性分析 …………………（17）
　第一节　委托代理理论 ………………………………………（17）

第二节　最优契约理论……………………………………（20）
　　第三节　管理者权力理论…………………………………（24）
　　第四节　管理者权力理论在中国的适用性分析…………（28）
　　　　一　管理者权力产生的原理分析………………………（28）
　　　　二　中国企业制度的改革与管理者薪酬机制的发展………（30）

第三章　文献综述………………………………………………（37）
　　第一节　管理者权力与薪酬差距的文献综述……………（37）
　　　　一　薪酬差距影响因素的文献回顾……………………（37）
　　　　二　管理者权力与薪酬差距的文献综述………………（41）
　　第二节　薪酬差距与公司价值的理论回顾与文献综述………（47）
　　　　一　国外薪酬差距与公司价值研究现状………………（47）
　　　　二　国内薪酬差距与公司价值研究现状………………（55）
　　第三节　管理者权力对薪酬激励效应的文献综述………（57）

第四章　管理者权力、内部薪酬差距与公司价值……………（61）
　　第一节　理论分析与研究假设……………………………（63）
　　第二节　研究设计…………………………………………（68）
　　　　一　样本选择与数据来源………………………………（68）
　　　　二　模型设计与变量定义………………………………（68）
　　第三节　实证结果与分析…………………………………（75）
　　　　一　变量描述性统计……………………………………（75）
　　　　二　内部薪酬差距与公司价值…………………………（77）
　　　　三　管理者权力、内部薪酬差距与公司价值…………（78）
　　　　四　机理分析：基于薪酬—业绩敏感性的视角………（80）
　　　　五　稳健性检验…………………………………………（83）

第五章　管理者权力、外部薪酬差距与公司价值 (86)
第一节　理论分析与研究假设 (89)
第二节　研究设计 (94)
第三节　实证结果与分析 (96)
　　一　变量描述性统计 (96)
　　二　外部薪酬差距与公司价值 (98)
　　三　管理者权力、外部薪酬差距与公司价值 (99)
　　四　机理分析：基于在职消费的视角 (101)
　　五　稳健性检验 (111)

第六章　不同股权性质下的实证研究 (113)
第一节　理论分析与研究假设 (115)
第二节　研究设计 (118)
第三节　实证结果与分析 (121)
　　一　单变量统计结果 (121)
　　二　不同股权性质下内部薪酬差距的检验 (124)
　　三　不同股权性质下外部薪酬差距的检验 (127)
　　四　稳健性检验 (131)

第七章　不同治理环境下的实证研究 (134)
第一节　理论分析与研究假设 (136)
第二节　研究设计 (140)
第三节　实证结果与分析 (145)
　　一　单变量统计结果 (145)
　　二　不同治理环境下内部薪酬差距的检验 (149)
　　三　不同治理环境下外部薪酬差距的检验 (159)

四　稳健性检验 …………………………………………（170）

第八章　结论 ……………………………………………（172）
　第一节　主要研究结论与启示 …………………………（172）
　第二节　研究的局限性与未来研究方向 ………………（175）

参考文献 …………………………………………………（177）

后　记 ……………………………………………………（197）

第一章 绪论

第一节 选题背景与意义

一 研究背景

薪酬契约向来被视作减轻代理问题的一种重要的公司治理机制，是委托代理理论的核心内容①，其对于公司管理者管理行为的激励问题也一直是学术界研究的热点内容。依据传统劳动经济理论，员工的薪酬水平应该等于其边际产出价值，但用此来分析组织中实际存在的薪酬差距问题，却不能得到合理的解释，正如拉齐尔（Edward P. Lazear）和罗森（Sherwin Rosen）②所指出的："一旦某人从副总经理晋升为总经理，他的薪酬水平可能会在一天之内成倍增长，但我们很难说（是由于）这个人的能力在一天内就翻番了。"

可见实践中的员工薪酬水平与传统经济理论的预期有很大差异，以是否提高公司价值为判别标准，西方学者对薪酬差距问题的研究形成了两个竞争性的理论：锦标赛理论（Tournament Theory）和行为理

---

① Hölmstrom B., "Moral Hazard and Observability", *Bell Journal of Economics*, Vol. 10, No. 1 (Spring, 1979).

② Lazear E. P., Rosen S., "Rank-order Tournaments as Optimum Labor Contracts", *Journal of Political Economy*, Vol. 89, No. 5 (Oct., 1981).

论（Behavior Theory）。拉齐尔和罗森①、罗森②运用锦标赛理论对薪酬差距进行解释。他们把公司中的晋升和奖励比作是一场竞赛，各层级之间的薪酬差距作为对获胜者的奖励，这样员工为了赢得比赛获得奖励就必须努力打败其他竞争者，层级间的薪酬差距越大，员工为取得奖励就会越努力工作，因此锦标赛理论认为更高的奖金与更大的薪酬差距可以有效激励员工努力工作，从而提高公司价值。相反，行为理论认为由于薪酬差距不利于公司员工之间的合作，较大的薪酬差距对公司价值具有负面影响，因而行为理论提倡员工之间的合作和更趋于平均的薪酬分配。可见，两种理论都承认薪酬差距与公司价值存在相关关系，通过合理安排薪酬差距能够达到提高公司价值的结果。然而究竟哪一种理论更能准确解释薪酬差距对公司价值的影响，国外的研究还没有得出一致的结论。近年来国内学者对薪酬差距问题也开始有所研究，部分学者的研究成果支持锦标赛理论③，部分学者则发现了支持行为理论的经验证据④，此外，还有学者认为单纯的锦标赛理论或行为理论不能解释薪酬差距对公司价值的影响，对于我国上市公司的薪酬差距问题应将两种理论结合来解释⑤，可见国内学者关于薪酬差距对公司价值的影响效应问题也没有得出一致的结论。

---

① Lazear E. P., Rosen S., "Rank-order Tournaments as Optimum Labor Contracts", *Journal of Political Economy*, Vol. 89, No. 5（Oct., 1981）.

② Rosen S., "Prizes and Incentives in Elimination Tournaments", *American Economic Review*, Vol. 76, No. 4（Sep., 1986）.

③ 林俊清、黄祖辉、孙永祥：《高管团队内薪酬差距、公司绩效和治理结构》，《经济研究》2003 年第 4 期；陈震、张鸣：《高管层内部的级差报酬研究》，《中国会计评论》2006 年第 4 期；胥佚萱：《企业内部薪酬差距、经营业绩与公司治理——来自中国上市公司的经验证据》，《山西财经大学学报》2010 年第 7 期；刘春、孙亮：《薪酬差距与企业绩效：来自国企上市公司的经验证据》，《南开管理评论》2010 年第 2 期。

④ 张正堂、李欣：《高层管理团队核心成员薪酬差距与企业绩效的关系》，《经济管理》2007 年第 2 期；张正堂：《企业内部薪酬差距对组织未来绩效影响的实证研究》，《会计研究》2008 年第 9 期。

⑤ 王怀明、史晓明：《高管—员工薪酬差距对企业绩效影响的实证分析》，《经济与管理研究》2009 年第 8 期。

现有对薪酬差距问题的研究多是从微观角度研究管理层内部的薪酬差距和管理层与普通员工的薪酬差距问题，从宏观角度研究组织间薪酬差距的较少，2005年，证监会颁布的《企业财务报告披露准则》强制性地要求我国上市公司披露每一位现任董事、监事和高级管理人员的薪酬，薪酬资料的公开为进一步细化研究中国上市公司的薪酬问题提供了数据基础，也使得上市公司管理者可以获知其他公司与自身职位相似的管理者薪酬水平，并通过与之进行比较产生对自身薪酬水平满意与否的新认知，从而据以调整自身的管理行为，由此产生的外部薪酬差距问题也就成为影响薪酬契约激励效应的重要因素。吴联生等以2005年后我国上市公司强制披露管理层薪酬为背景，实证检验了薪酬外部公平性对公司业绩的影响①。此外现有文献多是直接检验薪酬差距对公司价值的影响，而较少去考察薪酬差距影响公司价值的内在机理。

按照最优契约理论，股东大会选举出董事会，董事会再选聘管理者并考核其绩效，董事会在与经理进行薪酬契约谈判时应该是秉公无私的（At Arm's Length Contracting），董事会能够完全控制和决定管理者薪酬，并制定出符合股东利益最大化的最优薪酬契约②，该理论的核心是契约的有效性，如果契约有效，那么管理者薪酬应该与公司绩效相关。然而，近年来，管理者薪酬背离公司经营实际的持续增长却令人们担忧，在公司业绩负增长甚至亏损的情况下，高管仍然取得巨额报酬，如2009年中石油披露的2008年度业绩表明，按照国际会计准则，中石油2008年净利润1144.31亿元，比2007年少赚300多亿

---

① 吴联生、林景艺、王亚平：《薪酬外部公平性、股权性质与公司业绩》，《管理世界》2010年第3期。
② Jensen M. B., Meckling W. H., "Theory of the Firm: Managerial Behavior, Agency Costs and Ownership Structure", *Journal of Financial Economics*, Vol. 3, No. 4 (Oct., 1976); Hölmstrom B., "Moral Hazard and Observability", *Bell Journal of Economics*, Vol. 10, No. 1 (Spring, 1979).

元，出现多年来业绩首次下降，但是高管们却在 2008 年普遍提高了薪水。现实中公司绩效对高管薪酬的解释力度较弱，研究表明，企业绩效只能解释不到 5% 的 CEO 总薪酬变动[①]，公司管理者是否能够干预其薪酬契约的制定和水平，诸如秘密薪酬（Stealth Compensation）、运气薪酬（Pay for Luck）甚至毫无理由的高额分手费（Severance Payments）等屡见不鲜。这种现象引来理论界和实务界对管理者薪酬较大的争议，巨额的高管薪酬及与之相关的财务丑闻等现象都与经典的委托代理模型下的最优契约理论相矛盾。

　　实证研究表明，管理者在很大程度上能够影响甚至决定自身的薪酬水平，薪酬契约没有起到使管理者与股东利益一致的激励作用，而是更多地反映了管理者的寻租行为。拜伯切克（L. A. Bebchuk）和弗里德（J. M. Fried）的一系列研究提出了影响高管薪酬制定的管理者权力理论（Managerial Power Theory）[②]，该理论认为董事会不能完全控制管理者薪酬契约的设计，管理者有影响自身薪酬契约的动机与能力，并运用权力寻租，使得公司没有按照公司业绩向管理者支付薪酬。他们的研究传递的信息是：管理者薪酬激励并不必然是解决代理问题的工具，它自身也可能成为代理问题的一部分。墨菲（Kevin J. Murphy）对美国大公司管理者薪酬设计流程的阐述中指出，在大多数美国公司中，由人事部门提出管理者薪酬提案后，首先交给公司高管进行审核与修改，其次再送往薪酬与考核委员会。尽管大部分涉及管理者薪酬的重要决策都由薪酬与考核委员会通过，并且通常该委员

---

① Tosi H. L., Werner S., Katz J. P., "How Much does Performance Matter? A Meta-Analysis of CEO Pay Studies", *Journal of Management*, Vol. 26, No. 2 (Apr., 2000).

② Bebchuk L. A., Fried J. M., Walker D. I., "Managerial Power and Rent Extraction in the Design of Executive Compensation", *University of Chicago Law Review*, Vol. 69, No. 3 (Summer, 2002); Bebchuk, L. A., Fried, J. M., "Executive Compensation as an Agency Problem", *Journal of Economics Perspective*, Vol. 17, No. 3 (Summer, 2003); Bebchuk, L. A., Fried, J. M., Pay without performance: the unfulfilled promise of executive compensation, Boston: Harvard University Press, 2004.

会包含了2—3名外部董事，但是薪酬与考核委员会并不直接参与管理者薪酬提案的制定过程。① 詹森（Michael C. Jensen）和墨菲通过对管理者薪酬激励框架的制定、签订、执行及外部市场的协调等问题进行详尽的分析，对管理者薪酬激励契约制定过程中可能形成的代理问题进行了深入的阐述。② 詹森和墨菲已经基本接纳了管理者权力的观点，并将其纳入整个管理者薪酬激励契约的分析框架，更加充实与完善了管理者薪酬激励理论。卡彭特（Jennifer N. Carpenter）和雷默（Barbara Remmers）的研究发现，管理者利用其掌握的内幕消息来行使股票期权并从中获取利益③。拜伯切克等研究发现，董事会独立性越低、CEO权力越大时，CEO越有可能对股权授予进行操纵。④ 可见，管理者权力理论已经成为国外学者在研究管理者薪酬水平、薪酬—业绩敏感性、管理者薪酬结构与变化及公司业绩的重要依据。

  在我国，上市公司管理者影响自身薪酬完全有可能。一方面，国有上市公司管理者的决策权大多源于企业市场化改革过程中政府的放权让利，经过公司化重组的管理者逐渐掌握了生产、销售、筹资、投资及职工奖金发放等权力。这些拥有权力的公司内部管理者与作为股东的政府部门往往保持着千丝万缕的联系，此外还能利用其所拥有的权力干预董事会决策的制定，架空来自股东的监督与约束。在民营上市公司中，管理者的权力来源与国有企业的管理者权力来源又有所不同，相比于国有上市公司受到的行政干预和承担的政策性负担，民营

---

① Murphy K., "Executive Compensation", *Handbook of Labor Economics*, Vol. 3, No. 2 (Dec., 1999).

② Jensen M. C., Murphy K. J., Wruck E. G., "Remuneration: Where We've been, How We Got to Here, What are the Problems, and How to Fix Them", *Social Electronic Publishing*, No. 2 (Jul., 2004).

③ Carpenter J. N., Remmers B., "Executive Stock Option Exercises and Inside Information", *Journal of Business*, Vol. 74, No. 4 (Oct., 2001).

④ Bebchuk L. A., Grinstein Y., Peyer U., "Lucky CEOs and Lucky Directors", *Journal of Finance*, Vol. 65, No. 6 (Dec., 2010).

上市公司受到的外部约束较弱，其管理层往往由民营企业主亲自兼任或者由其指派的代表担任，更容易具有干预董事决策的影响力。① 另一方面，在我国当前的制度背景下，相比于管理者权力来源的逐步增加和巩固，旨在对管理者权力进行约束的公司治理制度建设相对滞后。我国的公司治理改革发端于一个基本制度安排相对缺失的环境，诸如外部兼并收购市场、竞争性要素市场以及良好的中小投资者保护等外部治理机制十分薄弱，更难以对内部管理者权力形成有效约束。近年来，我国学者也开始从管理者权力角度研究我国上市公司的薪酬激励问题，管理者权力的存在，使得我国上市公司管理者的薪酬与业绩之间的敏感性呈现不对称现象，具有薪酬黏性特征[2]，管理者权力对薪酬契约的影响拉大了公司内部管理者与普通员工之间的薪酬差距[3]；权力强大的管理者可以自己设计激励组合[4]；管理者权力影响了公司激励机制的正常运行，影响了公司治理效应的有效发挥[5]；弱化了管理层激励本应具有的治理效应[6]；此外，公司内部权力配置对会计系统产生重要影响，高管控制权对信息披露决策具有显著的负面

---

[1] 卢锐、魏明海、黎文靖：《管理层权力、在职消费与产权效率——来自中国上市公司的证据》，《南开管理评论》2008 年第 5 期。

[2] 卢锐：《管理层权力、薪酬与业绩敏感性分析——来自中国上市公司的经验证据》，《当代财经》2008 年第 7 期；洪峰：《管理层权力、治理结构与薪酬业绩敏感度》，《云南财经大学学报》2010 年第 5 期；高文亮、罗宏、程培先：《管理层权力与高管薪酬粘性》，《经济经纬》2011 年第 6 期；代彬、刘星、郝颖：《高管权力、薪酬契约与国企改革——来自国有上市公司的实证研究》，《当代经济科学》2011 年第 4 期；刘星、徐光伟：《政府管制、管理层权力与国企高管薪酬刚性》，《经济科学》2012 年第 1 期。

[3] 卢锐：《管理层权力、薪酬差距与绩效》，《南方经济》2007 年第 7 期；方军雄：《高管权力与企业薪酬变动的非对称性》，《经济研究》2011 年第 4 期；代彬、刘星、郝颖：《高管权力、薪酬契约与国企改革——来自国有上市公司的实证研究》，《当代经济科学》2011 年第 4 期。

[4] 吕长江、赵宇恒：《国有企业管理者激励效应研究——基于管理者权力的解释》，《管理世界》2008 年第 11 期。

[5] 刘星、代彬、郝颖：《高管权力与公司治理效率——基于国有上市公司高管变更的视角》，《管理工程学报》2012 年第 1 期。

[6] 张丽平、杨兴全：《管理者权力、管理层激励与过度投资》，《软科学》2012 年第 10 期。

影响，高管控制权的增强不仅降低了公司的会计信息透明度，而且弱化了外部独立审计对会计信息透明度的正面影响。[①]

由此可见，关于薪酬激励有许多问题值得思考：现阶段我国上市公司薪酬差距对公司价值产生怎样影响？是否能够具有相应的价值激励效应？而管理者权力对薪酬差距的价值激励效应又产生怎样影响？不同股权性质及治理环境下，管理者权力、薪酬差距与公司价值之间的关系有何差异？基于此，本书以2005年后我国上市公司强制披露管理层薪酬为背景，选择管理者权力的视角分别从内部薪酬差距和外部薪酬差距两个方面更加全面地研究我国上市公司的薪酬差距及其对公司价值的影响；另外，鉴于民营控股上市公司与国有股权上市公司的差异，本书对此区分进行更为深入的研究，同时对不同治理环境下的薪酬激励问题进行研究，试图形成一个完整的研究框架，丰富对我国管理者权力如何影响薪酬及其激励效用的认识，为完善我国上市公司管理层激励机制提供重要的依据，最终达到完善我国上市公司分配制度，建立有效薪酬激励制度的目的。

二 选题意义

在全球经济萧条、各国高管减薪浪潮纷起的背景下，本书不仅在理论上能推进我国企业薪酬理论的发展，而且也有助于客观地认识和评价我国企业薪酬制度改革，科学地指导企业薪酬决策，对于高管薪酬的政策规制和实务操作具有重要意义。

（一）理论意义

薪酬激励问题一直是学术界研究的热点，鉴于传统委托代理理论下的最优契约理论不能解释实践中的高管薪酬问题，学者们提出了管

[①] 代彬、彭程、郝颖：《国企高管控制权、审计监督与会计信息透明度》，《财经研究》2011年第11期。

理者权力理论，然而此理论来源于西方，我国的经济和制度环境与西方发达资本主义国家有很大差别，我国证券市场的发展处于一个转型时期，国外的实证结论直接移植到国内缺乏说服力。在我国的制度背景下，管理者权力变量如何构建，以及管理者权力如何影响我国上市公司薪酬差距的价值激励效应？不同的股权性质和不同的治理环境对薪酬差距的价值激励效应及管理者权力与薪酬差距价值激励效应的关系影响如何？本书将通过相关经验数据与实证结果较为客观地回答我国上市公司薪酬制度的问题，这些问题的研究对我国高管薪酬研究的纵深发展具有重要理论意义。

（二）实践意义

制定有效的薪酬激励契约是公司治理实践中的重要问题，本书通过对我国上市公司薪酬激励的全面系统的认识，不仅为企业实际制定薪酬政策提供理论依据和指导，使上市公司薪酬激励政策的制定更加完善，以提高公司价值，还为经济转型时期我国上市公司薪酬激励机制的改革与完善提供理论参考和证据支持。此外，通过对不同治理环境下管理者权力及薪酬激励的检验，可为我国上市公司治理机制的完善提供政策建议。

第二节 研究内容与研究框架

一 研究内容

本书在梳理国内外现有文献的基础上，基于管理者权力的视角，考察我国上市公司薪酬差距的价值效应及其作用机理，并结合上市公司的股权性质及所处的治理环境特征，分析股权性质及治理环境之于管理者权力与薪酬差距价值激励效应的调节作用。除第一章绪论与最后一章结论外，其他各章主要内容如下：

第二章：理论基础与相关理论适用性分析。首先，对委托代理理论、最优契约理论及管理者权力理论进行了回顾，为本书的研究奠定了理论基础；其次，基于代理理论和契约理论及中国企业制度的变革及管理者薪酬激励政策的演变，分析管理者权力理论在中国上市公司的适用性。

第三章：文献综述。首先，通过对管理者权力和薪酬差距的相关文献进行回顾，发现研究的切入点；其次，对薪酬差距与公司价值的关系的相关文献进行总结；最后，对基于管理者权力影响薪酬差距激励效应的文献进行评述，确定研究趋势和研究框架。

第四章：管理者权力、内部薪酬差距与公司价值的实证研究。首先，实证检验内部薪酬差距对公司价值的影响；其次，通过构建管理者权力变量，考察管理者权力之于内部薪酬差距对公司价值影响的调节作用；最后，基于薪酬—业绩敏感性的视角来揭示内部薪酬差距影响公司价值的作用机理。

第五章：管理者权力、外部薪酬差距与公司价值的实证研究。主要考察外部薪酬差距的价值激励效应，以及管理者权力之于外部薪酬差距的价值激励效应的调节作用，并从在职消费的视角揭示外部薪酬差距影响公司价值的作用机理。

第六章：不同股权性质下管理者权力、薪酬差距与公司价值的实证研究。结合企业的股权性质，分别从内、外部薪酬差距两个方面实证检验不同股权性质下管理者权力、薪酬差距与公司价值的关系。

第七章：不同治理环境下管理者权力、薪酬差距与公司价值的实证研究。基于我国上市公司所在地区的市场化程度与上市公司所属行业的竞争程度两个方面的治理环境特征，分别从内部薪酬差距、外部薪酬差距两个方面研究不同治理环境下管理者权力、薪酬差距与公司价值的关系。

二　研究框架

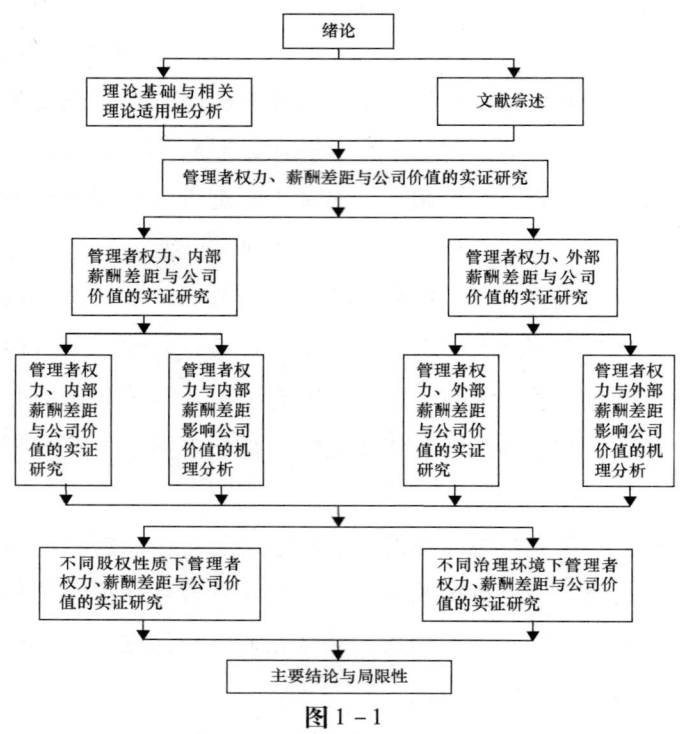

图 1-1

第三节　研究思路与方法

一　研究思路

本书依据我国特殊的制度背景，根据已有文献对高管薪酬激励的研究，选择管理者权力的视角，深入探讨我国上市公司薪酬激励问题。对薪酬激励文献进行回顾和分析，同时结合我国的特殊制度背景，分析相关理论在我国制度背景下的适用性，在此基础上，构建适合我国上市公司的管理者权力变量，分别从内部薪酬差距和外部薪酬差距两个方面检验管理者权力、薪酬差距和公司价值的关系。同时针对我国上市公司不同的股权性质,进一步检验不同股权性质下管理者权力、薪酬差距和公司价值的关系;进一步区分不同治理环境下的公司薪酬激励情况进行实证检验,分析不同治理环境对管理者权力及薪酬激励的效用。通过以上理论分析和实证检验,构建我国完整的高管薪酬激励研究体系,为今后我国上市公司薪酬机制改革提供相应政策建议。

二 研究方法

本书采用规范分析与实证分析相结合,理论与实践相结合的研究方法。其中,理论研究部分主要采用规范研究的方法,运用经济学、管理学的相关理论,形成研究假设;对研究假设的检验主要采用单变量分析与多元回归分析的实证分析法;在本书的文献综述和特征分析及最后的结论等各部分内容中广泛地应用归纳分析和演绎分析法。通过对以上不同方法的综合应用完成本书的研究。

本书的技术路线为:查阅文献确定研究方向和内容→根据研究方向和研究内容拟订研究计划→研究理论文献进行理论分析初步提出研究假设→搜集整理数据→建立模型实证检验→稳健性检验→归纳总结检验结果→最终形成结论→指出研究局限与未来研究方向。

第四节 研究贡献与创新

第一,管理者权力理论源于西方,但由于管理者权力具有一定的隐蔽性,因此对于这一方面的研究多是定性的分析,而国内对于管理者权力的研究从近几年开始兴起,对管理者权力的衡量尚未取得一致意见,本书根据我国上市公司所处的具体制度背景构建适合我国上市公司的管理者权力变量,对于研究我国上市公司的管理者权力问题进行了有益的探索。

第二，以往的研究或者是单纯验证薪酬差距的影响因素，或者是直接检验薪酬差距对公司价值的影响，本书在检验薪酬差距是否具有相应价值激励效应的基础上，结合管理者权力的视角，实证检验管理者权力对薪酬差距价值激励效应的影响，将研究链条进行了延伸；此外，本书不仅对薪酬差距的价值激励效应进行检验，更进一步挖掘管理者权力和薪酬差距影响公司价值的内在机理，由此形成一个完整的研究链，对薪酬激励问题的研究更加系统。

第三，现有文献对薪酬差距的研究主要关注公司内部不同层级的高管之间或高管与普通员工之间的薪酬差距，然而作为自利的经济人，管理者除了将自己的薪酬水平与公司内部员工作比较外，还会与同行管理者的薪酬水平相比较，以此确定其管理行为，进而影响公司价值。因此，本书不仅研究公司内部高管与普通员工的薪酬差距，还以高管薪酬的行业水平为基准，研究外部薪酬差距的价值激励效应，使得对我国上市公司高管薪酬激励的研究更加完整。

第四，与西方相比，我国作为转轨经济国家，上市公司多由国有企业转制而来，与非国有产权相比，国有企业有关代理问题的产生与解决，以及所有权的行事方式上的差异十分显著，对公司决策与绩效产生的影响也不尽相同。此外，上市公司所在地区的市场化程度及所属行业的竞争状况不同，导致其所处的外部治理环境也不尽相同。因此本书进一步检验不同的股权性质、上市公司所在地区的市场化程度及所属行业的竞争状况对薪酬差距价值激励效应的影响，以及对管理者权力与薪酬差距价值激励效应之间关系的影响。现有文献在这一方面还缺乏系统的研究，本书对这一方面的文献作了有益的补充。

第五节 相关概念界定

一 管理者

现代企业所有权与经营权的分离,产生股东与管理者的分离,管理者一般是接受股东的委托,经营企业资产并取得相应报酬的企业经营管理人员,通常被称为"高管"或"管理层"。由于文化、制度背景的差异,中西方学者对于管理者概念的界定与划分范围存在一定的差异。西方学者通常界定的管理者为不包含董事会成员在内的公司高级管理人员,高管人员的决策及其是否努力对公司价值的影响更为重要[1],如克里希南(Hema A. Krishnan)等将高管团队界定为"首席执行官(CEO)、总裁、首席运营官(CMO)、首席财务官(CFO)和下一个层次的最高级别的人员"[2]。由于在西方主流经济学国家,公司股权一般具有分散的特征,CEO在公司的经营决策方面起到关键作用,在公司中占据领导地位,同时基于CEO个人的研究可以观察到个人的大量特征,研究内容更丰富。因此,西方学者在研究高管人员薪酬时,往往将公司的CEO(首席执行官)作为管理团队的代表,主要是基于CEO个人的研究。[3]

国内对于管理者的界定则较为模糊,伴随着我国企业制度的改革与完善,我国学者也逐渐对管理者的概念产生了新的认识。《关联方交易》会计准则将管理人员定义为董事长、董事、总经理、总会计师、财务总监、主管各项事务的副总经理,但不包括监事。2005年修

---

[1] Rosen S., "Authority, Control and the Distribution of Earnings", *Bell Journal of Economics*, Vol. 13, No. 2 (Autumn, 1982).

[2] Krishnan H. A., Park D., "Effects of top Management Team Change on Performance in Downsized US Companies", *Management International Review*, Vol. 38, No. 4 (4th Quarter, 1998).

[3] Murphy K., "Executive Compensation", *Handbook of Labor Economics*, Vol. 3, No. 2 (Dec., 1999).

订的《公司法》在第二百一十七条中首次对公司的高级管理人员、控股股东、实际控制人、关联关系四个概念进行了明确的界定。其中规定：高级管理人员是指公司的总经理、副总经理、财务负责人、上市公司董事会秘书和公司章程规定的其他人员。在理论界，国内学者对上市公司管理者的研究主要有三种界定模式：第一种界定模式是将公司董事长与总经理作为管理者的研究对象[1]；第二种界定模式是将董事会、管理当局与监事会统称为管理者[2]；第三种界定模式是将总经理、副总经理、董事会秘书认定为管理者[3]。由于本书对管理者的界定主要是基于委托代理理论的视角，将股东与管理者的对立作为理论研究的出发点，因此，本书的管理者为不包括董事、监事在内的行使经营管理职能的人员。

二 管理者权力

管理者权力理论来源于西方，对于管理者权力的界定，拉贝（W. F. Rabe）把管理者权力定义为管理者朝其想达到的目标而去做的

---

[1] 李增泉：《激励机制与企业绩效——一项基于上市公司的实证研究》，《会计研究》2000年第1期；谌新民、刘善敏：《上市公司经营者报酬结构性差异的实证研究》，《经济研究》2003年第8期；刘斌、刘星、李世新、何顺文：《CEO薪酬与企业业绩互动效应的实证检验》，《会计研究》2003年第3期。

[2] 魏刚：《高级管理层激励与上市公司经营业绩》，《经济研究》2000年第3期；王华、黄之骏：《经营者股权激励、董事会组成与企业价值》，《管理世界》2006年第9期；李维安、张国萍：《经理层治理评价指数与相关绩效的实证研究》，《经济研究》2005年第11期；陈冬华、陈信元、万华林：《国有企业中的薪酬管制与在职消费》，《经济研究》2005年第2期。

[3] 王克敏、王志超：《高管控制权、报酬与盈余管理——基于中国上市公司的实证研究》，《管理世界》2007年第7期；刘凤委、孙铮、李增泉：《政府干预、行业竞争与薪酬契约——来自国有上市公司的经验证据》，《管理世界》2007年第9期；辛清泉、林斌、王彦超：《政府控制、经理薪酬与资本投资》，《经济研究》2007年第8期；吕长江、赵宇恒：《国有企业管理者激励效应研究——基于管理者权力的解释》，《管理世界》2008年第11期；陈震、张鸣：《业绩指标、业绩风险与高管人员报酬的敏感性》，《会计研究》2008年第3期；江伟：《负债的代理成本与管理层薪酬——基于中国上市公司的实证分析》，《经济科学》2008年第4期。

意愿和能力，管理者会利用其拥有的权力影响薪酬水平，改善工作条件，还可以影响公司的并购等公司行为决策。[①] 芬克尔斯坦（Sydney Finkelstein）将管理者权力定义为：管理者影响或实现由董事会或薪酬委员会制定的薪酬政策的能力，并根据权力的来源将管理者权力划分为四个维度，包括结构权力、专家权力、声望权力和所有制权力。[②] 权力可以被划分为正式权力与非正式权力，正式权力（如持股比例和两职兼任）能够让管理者影响决策的制定，而非正式权力是与管理者正式的职务不相关的权力，如管理者的任期。拥有公司股权、作为公司创始人是所有制权力的重要表现；结构权力是指在公司各层组织中的位置，CEO是权力的象征，而CEO同时兼任董事长被认为是其权力的进一步增强；专家权力指管理者在复杂多变的外部环境下有效地管理公司的能力；声望权力指社会兼职以及毕业于名校给其带来的声望。拜伯切克以股权分散度来衡量管理者权力，认为股权分散的公司中，由于股东缺乏监督管理者的能力，因此管理者权力较大。[③] 与拜伯切克研究相类似的是伯特兰（Marianne Bertrand）[④] 和科尔（John E. Core）等[⑤]，他们都采用大股东持股比例作为管理者权力的衡量指标，认为大股东持股比例越小，公司股权越分散，股东对管理者的监督能力越弱，进而管理者对公司的控制权越大。本书认为管理者权力

[①] Rabe W. F., "Managerial Power", *California Management Review*, Vol. 4, No. 3 (Spring, 1962).

[②] Finkelstein S., "Power in Top Management Teams: Dimensions, Measurement, and Validation", *Academy of Management Journal*, Vol. 35, No. 3 (Aug., 1992).

[③] Bebchuk L. A., Fried J. M., Walker D. I., "Managerial Power and Rent Extraction in the Design of Executive Compensation", *University of Chicago Law Review*, Vol. 69, No. 3 (Summer, 2002).

[④] Bertrand M., Mullainathan S., "Are CEOs Rewarded for Luck? the Ones without Principals are", *The Quarterly Journal of Economics*, Vol. 116, No. 3 (Aug., 2001).

[⑤] Core J. E., Holthausen R. W., Larcker D. F., "Corporate Governance, Chief Executive Officer Compensation, and Firm Performance", *Journal of Financial Economics*, Vol. 51, No. 3 (Mar., 1999).

是公司管理者执行其自身意愿的能力，管理者作为公司经营决策的执行者，权力是管理者执行对自身有利的经营决策的能力，根据我国上市公司的实际情况，本书借鉴芬克尔斯坦（Finkelstein S.）① 的权力模型，用两职兼任情况和董事会规模代表结构权力；管理者高级职称和任职时间代表专家权力；管理者高学历和兼职代表声望权力；管理者持股和公司股权分散作为所有制权力，具体从以上八个方面刻画管理者权力的强弱。

---

① Finkelstein S., "Power in Top Management Teams: Dimensions, Measurement, and Validation", *Academy of Management Journal*, Vol. 35, No. 3 (Aug., 1992).

第二章 理论基础与相关理论适用性分析

第一节 委托代理理论

委托代理理论最早起源于20世纪30年代,伯利(Adolf A. Berle, Jr.)和米恩斯(Gardiner C. Means)在《现代企业与私人财产》一文中,率先提出所有权与经营权分离的命题,突破了新古典经济学理论中,企业吸入各种生产要素,并在既定预算约束下实现利润最大化的假说。[①] 20世纪60年代末70年代初,委托代理理论的发展已基本成熟,一些经济学家由于对阿罗 – 德布鲁(Arrow-Debreu)的企业"黑箱"理论产生不满,开始对公司内部信息不对称与激励补偿问题进行深入研究。詹森和麦克林的《企业理论:经理行为、代理成本和所有权结构》一文,认为代理关系是代理人受聘于委托人,并代表委托人行使某些职责及决策的契约,为代理理论实证检验构建了框架[②],而标准的委托代理理论则是在罗斯(Stephen A. Ross)、霍姆斯特姆(Bengt Hölmstrom)、格罗斯曼(Sanford Jay Grossman)和哈特(Oliver

---

[①] Berle, Adolf A., Means G. C., The Modern Corporation and Private Property, New York: Macmillan, 1932.

[②] Jensen M. B., Meckling W. H., "Theory of the Firm: Managerial Behavior, Agency Costs and Ownership Structure", *Journal of Financial Economics*, Vol. 3, No. 4 (Oct., 1976).

D. Hart)① 等人研究的基础上建立与完善的,张维迎将委托代理关系扩大到所有信息不对称情况下的交易②。

在所有权与经营权分离的现代公司中,代理理论主要关注公司股东与管理者之间的利益冲突,及股东与管理者之间利益冲突的协调机制。③ 代理理论遵循以"经济人"假设为核心的新古典经济学的研究范式,首先,假定管理者是厌恶风险的自利经济人,且自身利益与股东利益不一致;其次,股东与管理者之间是信息不对称的,信息不对称是委托代理关系的基本特征,即股东不能直接观察到管理者所付出努力的程度,而管理者具有其努力程度的天然信息优势。因此,在信息不对称与利益冲突的情况下,管理者具有以牺牲股东利益为代价而追求自身利益的行为倾向和行为能力,由此产生股东与管理者之间的代理冲突,即代理问题。如,在收购兼并中,CEO 为了获取较高的薪酬补偿,可能会在股东回报率为负却能扩张公司规模的情况下实施多元化决策。④ 由于管理者不完全拥有企业的剩余索取权,管理者偷懒和谋求私利的倾向随其拥有的剩余索取权的减少而增强,管理者谋取私利的行为给股东造成的利益损失即为代理成本。代理成本的存在根源于代理人与委托人的目标不一致、信息不对称及有效激励约束机制的缺乏等原因。代理理论中股东需要解决的问题,首先在于信息的不对称,相对于分散的股东来说,管理者在经营过程中拥有更多的内部组织和决策评价信息;其次,管理者具备配置公司资源、追求自身目

---

① Ross S. A. , "The Arbitrage Theory of Capital Asset Pricing", *Journal of Economic Theory*, Vol. 13, No. 3 (Dec. , 1976); Hölmstrom B. , "Moral Hazard and Observability", *Bell Journal of Economics*, Vol. 10, No. 1 (Spring, 1979); Grossman S. J. , Hart O. D. , "An Analysis of the Principal-Agent Problem", *Econometrica: Journal of the Econometric Society*, Vol. 51, No. 1 (Jan. , 1983).

② 张维迎:《所有制、治理结构及委托—代理关系——兼评崔之元和周其仁的一些观点》,《经济研究》1996 年第 9 期。

③ Hoskisson R. E. , Hitt M. A. , Hill C. W. L. , "Managerial Risk Taking in Diversified Firms: An Evolutionary Perspective", *Organization Science*, Vol. 2, No. 3 (Aug. , 1991).

④ Ahimud Y. , Lev B. , "Risk Reduction as a Managerial Motive for Conglomerate Mergers", *Bell Journal of Economics*, Vol. 12, No. 2 (Aut. , 1981).

标的能力；此外，股东难以对管理者行为形成有效的监督。

委托代理理论认为，解决股东和管理者之间的代理问题的关键在于，将管理者的激励同股东利益相联系；或设计出能够有效监督管理者行为和决策、防止管理者行为和决策偏离股东利益的监督机制。丹姆斯基（Joel S. Demski）和费尔特姆（Gerald A. Feltham）、哈里斯（Milton Harris）和拉维夫（Artur Raviv）、霍姆斯特姆及塞尔文（Steven Shavell）[1] 的研究表明，当股东拥有关于管理者努力程度的完全信息时，通过将管理者的激励与股东利益相联系的激励契约将风险转嫁给厌恶风险的管理者已经没有任何意义，这种情况下的最优薪酬契约是基于管理者行为的观察；而在信息不对称程度较高，管理者的努力程度不可观察的情况下，股东的最优选择是通过薪酬激励契约将管理者的利益与股东价值相联系，从而将一部分风险转嫁给管理者，这种基于股东利益的激励契约会对管理者产生"自我监控"作用，因而成为缓解代理成本的重要治理机制。[2] 詹森和墨菲将代理理论对薪酬补偿的观点总结为："委托代理理论预言最优补偿合同会将管理者的预期效用同股东的目标联系起来，因此代理理论认为对管理者的激励补偿政策应依赖于股东财富的变动。"[3] 由于基于股东利益的管理者激励补偿契约将风险转嫁给厌恶风险的管理者，被认为是解决委托代理问

---

[1] Demski J. S., Feltham G. A., "Economic Incentives in Budgetary Control Systems", *Accounting Review*, Vol. 53, No. 2 (Apr., 1978); Harris M., Raviv A., "Optimal Incentive Contracts with Imperfect Information", *Journal of Economic Theory*, Vol. 20, No. 2 (Apr., 1979); Holmstrom B., "Agency Costs and Innovation", *Journal of Economic Behavior & Organization*, Vol. 12, No. 3 (Dec., 1989); Shavell S., "On Moral Hazard and Insurance", *Quarterly Journal of Economics*, Vol. 93, No. 4 (Nov., 1979).

[2] Henderson A. D., Fredrickson J W, "Information-Processing Demands as a Determinant of CEO Compensation", *Academy of Management Journal*, Vol. 39, No. 3 (Jun., 1996); Eisenhardt K. M., Bourgeois L. J., "Politics of Strategic Decision Making in High-Velocity Environments: Toward a Midrange Theory", *Academy of management journal*, Vol. 31, No. 4 (Dec., 1988).

[3] Jensen M. C., Murphy K. J., "Performance Pay and Top-Management Incentives", *Journal of Political Economy*, Vol. 98, No. 2 (Apr., 1990).

题的"次优"选择,尽管如此,这种将管理者激励与股东利益一致的做法确实能够在一定程度上缓解代理问题。[1] 可见,企业的所有者必须有一套激励约束机制来使得管理者朝着所有者利益最大化的方向行进。而如何设计有效的激励约束契约,对管理者进行激励,进而促使管理者为股东利益最大化的目标服务成为理论界关注的重点问题。

可见,委托代理理论主要用于分析公司管理者与股东之间的代理问题,在股东只能观察管理者的业绩而不能有效观察管理者努力程度的情况下,如何促使管理者按照股东利益行事,是现代企业理论的重要组成部分,在管理者薪酬决定机制的研究领域,也一直占据着主导地位。本书研究的薪酬差距问题,正是研究我国上市公司的薪酬结构是否合理,能否起到激励管理者努力工作,协调管理者与股东利益,并最终提升公司价值的作用,而管理者权力又是对管理者自利能力的衡量,因此,代理理论为本书研究薪酬差距与公司价值之间的关系,及管理者权力对薪酬差距价值激励效应的影响提供了坚实的理论基础。

第二节　最优契约理论

在经典的委托代理理论中,委托人将任务委派给代理人,而代理人的利益与委托人的利益不一致,存在代理人为了个人私利而损害委托人利益的行为,对这个问题一个可行的解决办法是,当代理人完成任务时给予他们一定的薪酬激励。即通过激励性契约的设计来协调委托人与代理人之间的关系,将剩余索取权和剩余控制权在委托人与代理人之间适当分配,实现股东利益最大化的目标,就是最优契约

---

[1] Bloom M., Milkovich G. T., "Relationships Among Risk, Incentive Pay, and Organizational Performance", *Academy of Management Journal*, Vol. 41, No. 3 (Jun., 1998).

理论。

　　作为减轻代理问题的一种重要的公司治理机制，薪酬契约是委托代理理论的核心内容[1]，在管理者薪酬决定问题中，最优契约理论假定董事会是股东的忠诚代表，董事会成员与股东之间的任何问题都得到协调解决，他们始终会完全按照股东利益最大化行事，在股东大会的赋权下，董事会选聘公司的管理者，与管理者签订公平的议价契约（Arm-length Bargaining Contract），并对管理者进行监督与绩效考核，解聘不合格的管理者，以最大化股东利益。在这一假定下，董事会能够完全控制和决定管理者薪酬，并制定出符合股东利益最大化的最优薪酬契约。最优契约理论认为，有效的激励契约能使管理者薪酬与企业的业绩最大程度地结合起来，激励管理者以股东利益最大化行事[2]，一个激励相容的薪酬激励契约是缓解股东与管理者之间的委托代理问题的有效方法。在这一理论指导下，格罗斯曼和哈特及墨菲[3]等人的研究都表明通过将管理者薪酬与公司业绩或其他管理者行为相关的、有充分信息披露的变量相结合，可以有效降低代理成本。

　　委托代理理论提供了制定最优契约的方法，即公司按业绩支付管理者薪酬。[4] 一个基本假设是为了让管理者按股东利益最大化去经营公司的最好办法是将管理者的薪酬水平与公司业绩最大限度地结合起来。墨菲对管理者薪酬与公司绩效之间的关系进行了系统总结，指出

---

[1] Hölmstrom B., "Moral Hazard and Observability", *Bell Journal of Economics*, Vol. 10, No. 1 (Spring, 1979).

[2] Jensen M. B., Meckling W. H., "Theory of the Firm: Managerial Behavior, Agency Costs and Ownership Structure", *Journal of Financial Economics*, Vol. 3, No. 4 (Oct., 1976).

[3] Grossman S. J., Hart O. D., "An Analysis of the Principal-Agent Problem", *Econometrica: Journal of the Econometric Society*, Vol. 51, No. 1 (Jan., 1983); Murphy K. J., "Incentives, Learning, and Compensation: A Theoretical and Empirical Investigation of Managerial Labor Contracts", *Rand Journal of Economics*, Vol. 17, No. 1 (Jan., 1986).

[4] Jensen M. C., Murphy K. J., "Performance Pay and Top-Management Incentives", *Journal of Political Economy*, Vol. 98, No. 2 (Apr., 1990).

公司绩效对管理者薪酬的影响方式主要是通过将管理者薪酬水平与公司绩效指标挂钩的方式来实现[①]。许多学者对此问题的研究，均将重点放在管理者薪酬水平在何种程度上与股东的利益相一致。按照莫里斯和霍姆斯特姆的最优契约模型，最优激励契约是满足管理者参与约束与激励相容约束下的最大化股东利益的契约，参与约束是管理者在接受合同时得到的期望效用不小于不接受合同时的期望效用，激励相容约束是管理者从股东希望出现的行动中获得的效用不小于从其他行动中所获得的期望效用。在信息对称的情况下帕累托最优风险分担和帕累托最优努力水平都可以达到，激励相容约束是多余的；在非对称信息条件下，管理者承担了部分风险，股东为了使管理者行为符合其自身利益，就要激励管理者在激励与保险中取舍。一般认为，当管理者所获的薪酬水平与其努力程度之间的敏感程度越大时，为了取得更高的薪酬回报，管理者会增大其努力程度，管理者的激励契约越有效；最优激励强度与管理者的风险回避程度和公司经营风险程度成反比，即对于给定的激励强度，管理者越是风险回避，产出受不确定因素影响越大，管理者承担的风险就应该越小。管理者增加努力程度的成本函数会影响其对激励性合约的敏感程度。

　　管理者薪酬最优契约理论的核心问题是契约的有效性，即薪酬契约的薪酬—业绩敏感性问题，其定义为股东价值变化一元，管理者薪酬变化的金额，如果对公司管理者的激励契约是有效的，那么管理者的薪酬波动应该与公司绩效相关。詹森和墨菲发现股东财富每增长1000 美元，总经理的薪酬水平提高 3.25 美元[②]，这一研究是从薪酬业绩敏感性方面来研究管理者薪酬契约有效性的开创性研究。国外大

[①] Murphy K., "Executive Compensation", *Handbook of Labor Economics*, Vol. 3, No. 2 (Dec., 1999).

[②] Jensen M. C., Murphy K. J., "Performance Pay and Top-Management Incentives", *Journal of Political Economy*, Vol. 98, No. 2 (Apr., 1990).

量文献证实了上市公司 CEO 的报酬与公司业绩存在显著的正相关关系[①]。国内学者也多是检验管理者薪酬与经营业绩的相关性来确定薪酬契约的制定是否有效。魏刚和李增泉[②]的研究表明，在我国上市公司中，管理者报酬与公司业绩之间不存在显著的正相关关系。随着中国上市公司薪酬制度的改革和深入，张俊瑞的研究发现，高管的"报酬—绩效薪酬"关系在我国上市公司中已基本形成[③]。辛清泉和谭伟强的研究发现，随着时间推移，国有企业经理薪酬同企业业绩的敏感性逐渐增强，市场化程度越发达的地区，国有企业经理薪酬对市场业绩的敏感性越强。[④] 雷光勇等对股权分置改革前后中国上市公司会计业绩与经理薪酬之间的敏感度变化进行检验，结果发现，股改后经理行为对会计业绩敏感性增强，公司长期发展的会计业绩变量回归系数及显著性水平显著提高。[⑤] 这在一定程度上说明管理者薪酬制度的合理性。然而詹森和墨菲对薪酬业绩的敏感性分析，却发现薪酬与业绩敏感性较低[⑥]，阿加沃尔（Rajesh K. Aggarwal）和塞姆维克（Andrew A. Samwick）研究了收益波动对管理者薪酬的影响，发现随着公司收

[①] Murphy K. J. , "Corporate Performance and Managerial Remuneration: An Empirical Analysis", *Journal of accounting and economics*, Vol. 7, No. 1 – 3 (Apr. , 1985); Lambert R. A. , Larcker D. F. , Weigelt K. , "The Structure of Organizational Incentives", *Administrative Science Quarterly*, Vol. 38, No. 3 (Sep. , 1993); Sloan R. G. , "Accounting Earnings and Top Executive Compensation", *Journal of accounting and Economics*, Vol. 16, No. 1 – 3 (Jan. , 1993); Core J. E. , Holthausen R. W. , Larcker D. F. , "Corporate Governance, Chief Executive Officer Compensation, and Firm Performance", *Journal of Financial Economics*, Vol. 51, No. 3 (Mar. , 1999).

[②] 魏刚：《高级管理层激励与上市公司经营业绩》，《经济研究》2000 年第 3 期；李增泉：《激励机制与企业绩效———项基于上市公司的实证研究》，《会计研究》2000 年第 1 期。

[③] 张俊瑞、赵进文、张建：《高级管理层激励与上市公司经营绩效相关性的实证分析》，《会计研究》2003 年第 9 期。

[④] 辛清泉、谭伟强：《市场化改革、企业业绩与国有企业经理薪酬》，《经济研究》2009 年第 11 期。

[⑤] 雷光勇、李帆、金鑫：《股权分置改革、经理薪酬与会计业绩敏感度》，《中国会计评论》2010 年第 1 期。

[⑥] Jensen M. C. , Murphy K. J. , "Performance Pay and Top-Management Incentives", *Journal of Political Economy*, Vol. 98, No. 2 (Apr. , 1990).

益波动的提高，薪酬业绩敏感性越来降低[1]，说明管理者是风险规避的。随着股权激励的广泛使用，很多学者将股权激励风险纳入其分析框架，但实证结果存在争议，部分学者证实风险与业绩敏感性之间存在负相关关系[2]，有的却得出相反结论，即股权激励风险与业绩敏感性之间存在正相关关系[3]，还有学者的研究结果显示两者之间无显著相关关系[4]，学者们开始对最优契约理论产生怀疑，此外，近年来美国公司管理者的年薪和股票期权以及不断爆发的与之相关的财务丑闻都与经典委托代理理论相矛盾，使得"最优契约理论"受到了激励契约有效性的挑战。

第三节　管理者权力理论

从20世纪70年代以来，美国各大公司首席执行官的薪酬异常上升，《福布斯》对美国800强公司CEO薪酬做了一个统计，从1970年到2002年，CEO平均薪酬增长了3倍多，且CEO平均薪酬与普通员工之间的薪酬差距从1970年的20倍上升到2000年的90倍。另一项调查表明，从1992年到2000年，S&P500工业CEO的平均薪酬从230万美元上涨到650万美元。与此同时，CEO个人的边际生产率不可能发生如此巨大的改变。如果说最优契约理论最初

---

[1] Aggarwal R. K., Samwick A. A., "Executive Compensation, Strategic Competition, and Relative Performance Evaluation: Theory and Evidence", *Journal of Finance*, Vol. 54, No. 6 (Dec., 1999).

[2] Core J. E., Holthausen R. W., Larcker D. F., "Corporate Governance, Chief Executive Officer Compensation, and Firm Performance", *Journal of Financial Economics*, Vol. 51, No. 3 (Mar., 1999).

[3] Core J. E., Guay W. R., "The other Side of the Trade-Off: the Impact of Risk on Executive Compensation: a Revised Comment", *Social Science Electronic Publishing*, Vol. 2, No. 4 (Dec., 2001).

[4] Conyon M. J., Murphy K. J., "The Prince and the Pauper? CEO Pay in the United States and United Kingdom", *The Economic Journal*, Vol. 110, No. 467 (Nov., 2000).

是激励合约"有效性"的问题，此时，CEO 的激励合约的内在合理性与合法性受到了挑战。克里斯特尔（Graef S. Crystal）较早意识到最优契约理论可能存在问题，指出 CEO 可能采取与董事会合谋或者采用其他方法，通过其权力影响董事会从而操纵薪酬契约，进而影响针对自己的薪酬制定。① 拜伯切克和弗里德深入公司内部控制系统，针对 CEO 薪酬契约中存在的问题提出了管理者权力理论（Managerial Power Approach）②。他们认为传统薪酬理论把董事会看作股东的信托机构，董事会代表股东与高管"讨价还价"，但是由于现有公司治理结构的缺陷，董事会成员（如独立董事）对管理者的依赖性要高于其对股东的依赖性，董事会在决定 CEO 薪酬时不一定遵循股东利益最大化的原则。CEO 可以利用手中的权力，采取机会主义去获得董事会成员的支持，从而影响针对自己的薪酬契约。这种情况的结果，不仅表现为 CEO 具有高额的薪酬，关键是其扭曲了薪酬结构，降低了管理者薪酬与公司业绩之间的敏感性，即不按业绩支付薪酬，降低了薪酬契约的激励作用，甚至产生负激励，最终使股东利益遭受较大损失。

管理者权力理论的提出，对传统最优契约理论指导下的高管薪酬契约研究造成了极大的冲击，詹森和墨菲对近 30 年高管薪酬研究进行了回顾、分析与展望，明确提出了公司治理的目标是公司价值最大化，认为管理者薪酬激励契约的目的在于吸引、保留和激励公司管理者，管理者薪酬激励契约的维度包括管理者的薪酬水平、薪酬结构及管理者薪酬与公司业绩之间的相关关系。在此基础上，提出了公司中

---

① Crystal G. S., In Search of Excess: the Over-Compensation of American Executives, New York: Norton. 1991.

② Bebchuk L. A., Fried J. M., Walker D. I., "Managerial Power and Rent Extraction in the Design of Executive Compensation", *University of Chicago Law Review*, Vol. 69, No. 3 (Summer, 2002); Bebchuk, L. A., Fried, J. M., Pay without performance: the unfulfilled promise of executive compensation, Boston: Harvard University Press, 2004.

存在的两种代理问题，一是股东与管理者之间的代理问题，二是公司股东与董事会成员之间的代理问题。① 对于股东与管理者之间的代理问题，主要是通过薪酬契约的激励效应来缓解，而对于股东与董事之间的代理问题，主要通过公司治理机制的完善来缓解。在实践中，管理者的薪酬激励契约是由公司董事会做出，而不是由股东做出，首先，公司董事会成员缺乏与管理者进行有效谈判所需的信息、时间、专业知识及技巧；其次，公司董事不完全拥有公司资源，董事努力工作所得的收益不完全归自己所有。这些都导致董事在管理者薪酬契约的制定中不能成为股东的忠诚信托者，导致管理者薪酬激励契约的设计无效甚至成为代理问题的一部分。此外，詹森和墨菲还针对薪酬激励契约的制定与执行过程可能存在的问题进行了深入的探讨，提出管理者薪酬激励契约制定中的管理权力问题。如指出，由于公司董事缺乏足够时间及专业知识，在薪酬委员会委员的任命及管理者薪酬激励契约的制定中，往往是公司人力资源管理部门或其聘请的外部薪酬顾问首先对管理者薪酬激励契约进行设计，然后由公司首席执行官对由人力资源部门设计的管理者薪酬激励契约进行审批，经 CEO 审批后的薪酬激励契约才会被送往薪酬委员会，因此在管理者薪酬契约的制定过程中，CEO 有动机与能力对其薪酬契约的制定进行干预。可见，詹森和墨菲已基本接纳了管理者权力理论的观点，并将管理者权力融入其对管理者薪酬激励理论的分析框架中，使得管理者薪酬激励理论更为完善。贡贝（Alexander Gümbe）对管理权力理论进行了评述，认为管理者权力理论详细地分析了现实中的管理者薪酬现象，探究了薪酬契约是否减轻了管理者与股东之间的委托代理问题，并且通过对管

---

① Jensen M. C., Murphy K. J., Wruck E. G., "Remuneration: Where We've been, How We Got to Here, What are the Problems, and How to Fix Them", *Social Electronic Publishing*, No. 2 (Jul., 2004).

理者薪酬契约制定过程的关注，指出了管理者薪酬激励契约制定程序本身可能并不合理，需要重建管理者薪酬激励契约的制定程序。① 霍姆斯特姆批判性地接受了拜别切克等人的观点，承认最优契约理论的假设条件过于完美，指出当前的薪酬契约确实存在逃避规制的趋势，薪酬契约的制定过程缺乏透明度，过度的现金流使管理者对自身薪酬激励契约能够产生重要影响力。② 虽然最优契约理论在管理者薪酬激励理论中具有重要影响，但现实中大量的管理者薪酬脱离公司经营实际的现象及财务丑闻难以用最优契约理论进行解释。韦斯巴赫（Michael S. Weisbach）对管理者权力理论进行分析，接受管理者权力理论中公司管理者能够自定薪酬的观点，认为管理者会用比较隐蔽的方式从公司汲取租金③，然而，对于如何控制管理者寻租这个问题至今仍没有很好的应对措施。

管理者权力理论从所有权与控制权分离产生代理问题入手，这一点与传统最优契约理论一样。不同的是，管理者权力理论否定了最优契约理论中关于董事会作为股东忠诚信托者的假定，认为董事会不仅不是股东忠诚的信托者，而且可能被管理者所俘获，在管理者权力的影响下，董事会对管理者薪酬的设计不仅未能有效地缓解股东与管理者之间的委托代理问题，反而产生了新的代理问题。管理者权力理论开创性地提出了"受 CEO 影响的董事会"（CEO-influenced Boards）概念，对管理者薪酬及其激励效应的研究提供了新的视角。

---

① Gümbel A., "Managerial Power and Executive Pay", *Oxford Journal of Legal Studies*, Vol. 26, No. 1 (Spring, 2006).

② Holmstrom B., "Pay without Performance and the Managerial Power Hypothesis: A Comment", *Journal of Corporation Law*, Vol. 30, No. 4 (Jul., 2006).

③ Weisbach M. S., "Optimal Executive Compensation versus Managerial Power: A Review of Lucian Bebchuk and Jesse Fried's 'Pay without Performance: The Unfulfilled Promise of Executive Compensation'", *Journal of Economic Literature*, Vol. 45, No. 2 (Jun., 2007).

第四节　管理者权力理论在中国的适用性分析

一　管理者权力产生的原理分析

古典企业中，公司的所有者与经营者是同一个人或同一个主体，公司的所有权与经营权没有发生分离，所有者对其拥有的公司具有绝对权力。然而现代企业中，所有权与经营权相分离，作为所有者的股东将公司的经营管理权委托于受托人管理者，由于股东与管理者之间的利益分歧及管理者的自利本质，管理者会以股东利益为代价，利用其具有的公司经营管理的天然优势为自己谋求利益，产生股东与管理者之间的委托代理问题，因此，为预防管理者的逆向选择及道德风险，保证管理者以股东价值最大化为目标经营公司，股东与管理者之间需要签订契约以明确各自的权利及责任。最优契约理论认为解决股东利益与管理者利益不一致的办法中，最有效的是在管理者完成任务，给予其薪酬激励时，将管理者的薪酬水平与公司绩效挂钩，使管理者基于股东利益最大化行事。[①] 最优契约理论中隐含着一个假定：管理者在公司经营中的权利及义务可以由股东与管理者在制定薪酬契约时完全规定，即契约是完全的。相应的，控制权的行使方式也是被完全规定的，在这种情况下，管理者利用控制权谋取自身私利而损害股东利益的行为是不可能发生的。

然而实践中，薪酬契约的谈判、制定和实施过程中都存在着不容忽视的交易费用，在存在交易费用的前提下，完全契约是不可行的，由于契约具有不完备性，将公司所有未来可能发生的情况及每种情况下契约各方的权利和义务进行准确描述是不可能完成或者不符合成本

---

① Jensen M. B., Meckling W. H., "Theory of the Firm: Managerial Behavior, Agency Costs and Ownership Structure", *Journal of Financial Economics*, Vol. 3, No. 4 (Oct., 1976).

收益原则的。因此按照产权理论的分析框架，哈特将公司的契约性控制权分为特定控制权和剩余控制权，其中，特定控制权是在契约中事前明确规定的权力，即在契约中明确规定的在不同情况下契约各方享有哪些权利和履行哪些责任；而剩余控制权则指没有在契约中事先明确约定的情况下，契约各方所拥有的权力，并且这种权力可以按照任何不与先前订立的合同条款、惯例或法律规定相违背的方式行使。[①]

在股东与管理者的委托代理关系中，股东作为公司的所有者，不仅拥有特定控制权，还拥有剩余控制权，管理者作为股东的代理人，只能依照股东的委托，在事先签订的契约范围内行使公司的特定经营管理权，因此只拥有公司的特定控制权。然而，实践中，股东主要通过股东大会保留了对董事会成员的任命权及对公司重大事项的决策权，而将其他剩余控制权委托于董事会行使。但由于人的有限理性、交易费用的存在、信息不对称和契约使用语言的模糊性，或者在管理者拥有了企业部分股权后，契约不可能是完全的。在双方博弈后，董事会会把其拥有的名义剩余控制权转移给管理者，即管理者既拥有特定控制权，也拥有剩余控制权。可见，与不完全契约相伴的是管理者利用权力谋求自身私利的可能性。因此，实践中，除了管理者具有的公司经营的信息优势进行自利行为外，委托代理问题的关键还在于管理者滥用其权力的行为。与此相对应，管理者与股东之间委托代理问题的解决思路，除了设计有效的管理者薪酬契约以激励管理者基于股东价值最大化行事外，还要有与薪酬契约相匹配的制约管理者滥用其权力的约束与监督机制。

拜别切克和弗雷德的一系列研究认为，最优契约的成立应具备三

[①] Hart O., "Corporate Governance: some Theory and Implications", *Economic Journal*, Vol. 105, No. 403 (May, 1995).

个假设：董事会的有效谈判、市场有效约束和股东权力的有效行使[①]。然而，由于董事缺乏与管理者就薪酬契约进行谈判的信息、专长、技巧和时间，此外，管理者也会在薪酬谈判时诺许董事们一些激励，在个人既得利益的驱使下，董事们会支持令管理者满意的薪酬契约，可见，由于管理者权力的存在，董事会被管理者所俘获；在市场因素方面，由于公司控制权市场以及经理人市场的限制并不严格，经理人市场所关注的不是管理者利用其权力的自利行为，而是更加关注管理者曾经实现的经营绩效；由于管理者与股东之间的信息不对称问题，管理者拥有公司经营管理信息的先天优势，使得股东权力难以得到有效行使。综上，可见，管理者能够利用其拥有的权力影响甚至操纵自身的薪酬安排，进行权力寻租，管理者权力的存在，使得旨在缓解股东与管理者委托代理问题的薪酬契约本身也可能成为代理问题的一种体现。

二 中国企业制度的改革与管理者薪酬机制的发展

本部分主要围绕中国企业制度的市场化改革与公司治理机制的发展这两条主线分析中国公司中管理者薪酬契约的演进变迁，并从中分析管理者权力的形成及其对薪酬契约的影响。具体而言，本部分制度背景主要分为三个阶段：第一个阶段从1978年至1992年国有企业改革阶段；第二个阶段从1993年至2002年为现代企业制度的建立及公司治理的兴起；第三个阶段为2002年至今为国企全面改革与全球化公司治理浪潮的兴起。

[①] Bebchuk L. A., Fried J. M., Walker D. I., "Managerial Power and Rent Extraction in the Design of Executive Compensation", *University of Chicago Law Review*, Vol. 69, No. 3 (Summer, 2002); Bebchuk, L. A., Fried, J. M., "Executive Compensation as an Agency Problem", *Journal of Economics Perspective*, Vol. 17, No. 3 (Summer, 2003); Bebchuk L. A., Fried J. M., Pay without performance: the unfulfilled promise of executive compensation, Boston: Harvard University Press, 2004.

第一阶段：国有企业改革阶段（1978—1992）

改革开放之前，国民经济处于长期的计划经济体制下，实行以阶级斗争为纲的发展路线，政府及其职能部门控制着企业的一切经济活动，企业缺乏生产经营的自主权与灵活性，这种状况也使社会商品处于严重的缺乏状态。在高度集中的计划经济体制下，我国的薪酬制度一直受到政府的管制，全国实行中央高度集中的等级工资管理制度，企业的利润都要上交国家，而管理者不具有分享企业盈利的权利，管理者的薪酬与企业经营绩效之间不存在相关性。为缓解这种状况，国有企业进行了一些制度改革，从改革的内容来看，这一阶段又可以分为三个不同的阶段。

一是1978年至1983年的"放权让利"时期，1978年，十一届三中全会制定了改革开放的基本国策，基于我国经济管理体制过于集中的弊端，为增强企业生产经营的积极性和主动性，中央政府开始鼓励将企业的经营管理自主权下放到地方和企业，主要是进行扩大企业自主权的放权让利改革。这一阶段由于改革的放权让利政策，政府逐渐将一些决策权及剩余索取权下放到企业，然而随着权力的下放，由于信息不对称问题，造成企业内部权力不断集中，而在权力下放的过程中，忽视了对权力的监督与约束机制的建立，约束机制的缺乏，最终导致我国国有企业至今仍存在严重的"内部人控制"现象。这一时期，企业贯彻按劳分配的原则，将管理者的收入与企业绩效联系起来，根据企业绩效情况，管理者除了获得固定工资以外，还可以得到一定的奖金，调动了管理者的积极性。

二是1984年至1986年的"利改税"时期，这一阶段，政府对企业的管理方式开始有所转变。1984年，在我国国有企业中开始实行"利改税"制度，在国有企业中首先引入了利润留存制度，这标志着政府开始对企业的利润分配制度进行调整，并进一步削弱了相应政府部门对企业的干预程度，企业的所有权与经营权的两权分离问题在理论上取得重要突破，企业管理者的自主权开始得到增强。

三是1986年至1992年以实行经营承包责任制为主的改革。1986年12月，国务院颁布《关于深化企业改革增强企业活力的若干规定》，这一规定决定在实行多种形式的经营承包责任制，第一次用契约关系明确界定了企业管理者与政府部门之间的责任、权利和利益关系，经营承包责任制的引入，突破了企业与政府之间的行政隶属关系，使得改革深入到所有权与经营权分离的层面。

这一阶段在薪酬分配上的主要特征是管理者的工资总额与企业经营绩效相联系，1986年，国务院发布的《国务院关于深化企业改革增强企业活力的若干规定》明确："凡全面完成任期年度目标的经营者个人收入可以高出职工收入的1—3倍，做出突出贡献的还可以再高一些"。1988年国务院发布的《全民所有制工业企业承包经营责任制暂行条例》和1992年劳动部、国务院经济贸易办公室发布的《关于改进完善全民所有制企业经营者收入分配办法的意见》进一步规定，全面完成任期内承包经营合同年度指标的经营者年收入可高于本企业职工年人均收入，一般不超过1倍；达到省内同行业先进水平或超过本企业历史最好水平的，可高于1—2倍；居全国同行业领先地位的，可高于2—3倍。这些文件在改革开放初期对于推进高管薪酬市场化起到了重要作用，至今仍是当前确定大多数国有企业经营者收入的主要政策依据。可见，这些文件中包含了根据公司取得的绩效确立管理者薪酬的意识，但是管理者的薪酬严格建立在职工薪酬基数之上，这种对管理者薪酬实行严格管制的政策，不能有效地激励管理者的创造性和积极性，并且，在管理者的薪酬激励得不到满足的情况下，容易催生管理者的机会主义及其他方面的寻租行为。

第二阶段：现代企业制度的建立及公司治理兴起（1993—2002）

1993年，十四届三中全会通过了《中共中央关于建立社会主义市场经济体制若干问题的决定》，明确指出要"进一步转换国有企业经营机制，建立适应市场经济要求，产权清晰、权责明确、政企分开、管理科学的现代企业制度"。可见，随着社会主义市场经济改革的进行，隐藏在经营管理背后的企业制度开始引起实务界和学术界的关注，只有进行关于产权和计划经济体制本身的改革，才能从根本上改变企业制度，股份制和现代企业制度改革使企业成为竞争市场上自主经营和自负盈亏的主体。1995年，按照《公司法》的要求，一些大中型国有企业进行股份制改组，成为股份有限公司或有限责任公司。对国有企业的公司化改造，解除了国家对企业的无限责任，有利于政企分开，使得企业摆脱对政府的依赖，有效地实现了所有权与经营权的分离。同时在现代企业制度的建立过程中，所有权开始从国家转移到管理者、职工、私人团体、各种机构与国外投资者手中，股权结构开始呈现多元化特征。现代企业制度的建立以及多元化的股权结构催生了对公司治理的内生性需求，公司治理机制的建设开始成为中国资本市场的一个重要问题。转型过程中，由国有企业改制而来的上市公司不可避免地遗留了国有企业本来的经营理念和机制，加之公司外部治理机制的缺失，使得上市公司中存在严重的"所有者缺位"和"内部人控制"问题，公司内外治理机制的缺陷，使管理者的权力进一步得到增强。

这一阶段在管理者薪酬制度方面的发展主要是，1992年年薪制开始在我国企业中实行。为解决国有企业中对管理者激励不足以及管理者追求灰色收入的问题，1999年中央明确提出在国有企业中建立股权激励方式。

第三阶段：国企全面改革与全球化公司治理浪潮（2002年至今）

2011年中国加入世贸组织后，全球化成为中国企业制度改革与公司治理发展的一支推动力量。一方面，国有企业改革逐步深入到国有产权制度的核心，为解决国有资产管理体制的弊端导致的国有企业经营效率低下的问题，开始对国有资产管理体制进行改革，国务院及地方国有资产监督管理委员会作为代表国家履行出资人职责的机构纷纷建立，国有企业进入全面改革的新阶段；另一方面，政府对中国资本市场的发展进行了全面规划，并从2005年开始进行股权分置改革，至2007年年底股权分置改革基本完成，推动了资本市场的发展。此外，全球化浪潮的背景下，西方国家先进的公司治理机制与管理者薪酬契约准则也不断被引入国内公司，为中国国内引入市场化导向的人力资本制度及管理者薪酬激励体系提供了条件。2002年1月中国证监会、国家经贸委发布了《上市公司治理准则》，该准则要求上市公司建立经理人员的绩效评价标准和激励约束机制，经理人员的薪酬与公司绩效和个人业绩相联系，并且对经理人员的绩效评价应成为确定经理人员薪酬及其他激励方式的依据。随着准则的实施，建立与业绩相联系的薪酬激励制度的上市公司逐年增加。2003年国资委成立后，颁布了多项法规，绩效评价和薪酬管理机制逐步完善。2007年12月，为加强中央企业负责人薪酬管理，国资委发布《关于加强中央企业负责人第二业绩考核任期薪酬管理的意见》。该《意见》同时明确，央企负责人薪酬增长应与企业效益增长相一致。企业效益下降，企业负责人年度薪酬不得增长，并视效益降幅适当调减；企业负责人年度薪酬增长幅度不得高于本企业效益增长幅度。这说明，在实践中，当公司绩效增长时，管理者薪酬得到相应比例甚至更高的增长是理所当然的；而在公司绩效下降时，管理者薪酬只要保持不增长就可以，而管理者薪酬在公司绩效下降时降低的可能性较低。加之从管理者薪酬的制定者——董事会的角度来说，董事会的行为极易受到管理者的影响，对于管理者是否恰当履行其代理责任的判断具有一定的困难，这更加剧了董事会迁就管理者行为的可能。[1] 由于中国上市公司制度中存在先天性的缺陷，对管理者权力缺乏有效的监督和约束，而从国有企业转制而来的公司中，管理者多由控股股东委派，总经理往往同时

---

[1] 李建伟：《公司治理中法律作用的局限性及其破解》，《商业经济与管理》2008年第7期。

兼任公司董事长的职务，形成管理者自己聘用自己、自己监督自己的局面①，管理者利用其权力影响着薪酬的制定和实施过程。

随着市场机制对薪酬分配主导作用的增强，与绩效挂钩的薪酬制度逐渐成为我国现代企业制度的主流薪酬制度，研究发现，在我国上市公司中，普通员工的薪酬与公司业绩开始呈现显著正相关关系②，并且呈现出绩效工资的特征③。然而，随着激励契约的发展，2008年全球金融危机爆发后，开始出现一些高管人员巨额薪酬的现象，管理者薪酬出现在公司绩效下降的情况下反而增加的"倒挂"现象，让管理者薪酬激励问题开始引起社会舆论的质疑，为此，财政部出台了更为严格的管理者薪酬政策，为解决实践中管理者薪酬过高及企业内部薪酬差距过大、与公司绩效不匹配的问题。2009年中央六部委联合下发的《关于进一步规范中央企业负责人薪酬管理的指导意见》中也明确指出"中央企业负责人薪酬增长与职工工资增长相协调"的基本原则；国务院国资委2009年颁布的《中央企业负责人经营业绩考核暂行办法》中明确规定："建立企业负责人经营业绩同激励约束机制相结合的考核制度，即业绩上、薪酬上，业绩下、薪酬下，并作为职务任免的重要依据。"2009年1月财政部下发了《金融类国有及国有控股企业负责人薪酬管理办法（征求意见稿）》。这份被称为中国版的"限薪令"，《办法》规定，金融企业负责人绩效年薪与金融企业绩效评价结果挂钩，以基本年薪为基数，其绩效年薪一般控制在基本年薪的3倍以内。金融企业负责人的最高基本年薪不得超过年度定额工资的5倍，金融企业负责人基本年薪与绩效年薪之和的增长幅度一般不超过本企业在岗职工平均工资的增长幅度。

---

① 方军雄：《我国上市公司高管的薪酬存在粘性吗?》，《经济研究》2009年第3期。
② 同上。
③ 陈冬华、梁上坤、蒋德权：《不同市场化进程下高管激励契约的成本与选择：货币薪酬与在职消费》，《会计研究》2010年第11期。

可见，在30多年的渐进改革与探索中，中国企业制度及薪酬激励政策的发展，逐渐由计划经济下集中统一的指令性薪酬制度向由市场机制主导的薪酬制度演变，是平均主义特征的薪酬制度被基于绩效的差异化薪酬制度日益取代的过程。尤其是在市场化发展较快的地区及行业竞争较为充分的行业，具有激励效应的薪酬契约能够起到良好的公司治理功效。此外，在中国企业制度的改革过程中，政府的"放权让利"过程使得管理者的权力逐渐得到巩固，而我国上市公司制度中存在的先天缺陷，公司内外部治理机制的缺失，导致在转型经济及不健全的法律条件下，对管理者权力制约与监督机制的忽略，中国上市公司中普遍存在管理者私利行为产生的风险，使得管理者能够在薪酬激励政策的制定过程中影响甚至俘获董事会，并最终使用其权力扭曲薪酬激励机制，影响了管理者薪酬的激励效应。

第三章 文献综述

第一节 管理者权力与薪酬差距的文献综述

一 薪酬差距影响因素的文献回顾

(一) 国外学者对薪酬差距影响因素的研究

西方学者从多角度对薪酬差距的影响因素进行了分析,大致可以分为以下三个方面:外部环境因素(市场因素、社会文化因素);公司自身因素(组织规模、薪酬信息的公开程度和成长性等);管理者个人特征(性别、工龄、学历与职称等)。

市场因素主要体现为产品市场与劳动力市场对企业薪酬的约束力。企业如果给出高于市场水平的工资,将导致产品成本上升,市场竞争力丧失,甚至歇业与倒闭[1];反之,则会导致员工流失,企业难以为继。

文化是影响薪酬差距的因素。弗兰克(Robert H. Frank)和库克(Philip J. Cook)的研究认为,集体主义文化背景下的组织中薪酬差距较小[2]。惠(C. Harry Hui)等选择中国与美国进行比较研究,发现集

---

[1] Kochan T. A., McKersie R. B., Cappelli P. B., "Strategic Choice and Industrial Relations Theory", *Industrial Relations: A Journal of Economy and Society*, Vol. 23, No. 1 (Jan., 1984).

[2] Frank R. H., Cook P. J., The Winner-Take-All Society: Why the Few at the Top Get So Much More than the Rest of Us, New York: Free Press, 1995.

体主义文化导向性越强的组织，越倾向于平均主义的薪酬，而个人主义盛行的文化中则倾向于较高的薪酬差距。①

　　西方学者的研究发现，随着公司规模的增加，高管人员报酬也随之增加②，为维持足够的激励，随着高管团队规模的扩大，薪酬差距应该随之扩大。③ 布劳、梅耶等人的研究表明，薪酬差距随着组织规模变大而增加。在管理幅度一定的条件下，组织规模的扩大导致管理层级增加，纵向薪酬差距也就增大。普赖斯、巴伦等人的研究则认为，部门规模增加会使管理幅度变宽，员工晋升机会变小，晋升所带来的激励作用就会变弱。为了弥补晋升概率过小所导致的激励不足，则会加大相邻两个层级的薪酬差距，以弥补机会变小所产生的负面影响。梅因（Brian G. M. Main）和查尔斯（Charles A. O'Reilly）的研究也均发现了薪酬差距与公司规模正相关的经验证据④。

　　薪酬信息的公开程度会对薪酬差距产生重要影响⑤，如果薪酬信息公开，员工对薪酬差距就更为敏感，较小的薪酬差距也会引发薪酬较低的员工极大不满，使决策者压力倍增。利文撒尔（Gerald Leventhal）研究发现，虽然采用平均主义的薪酬策略可以消除低薪酬员工的不满，但却以牺牲高技能员工的利益和组织效率为代价。⑥ 如果为

---

① Hui C. H., Triandis H. C., Yee C., "Cultural Differences in Reward Allocation: Is Collectivism the Explanation?", *British Journal of Social Psychology*, Vol. 30, No. 2 (Jun., 1991).

② Kaplan R. S., Cooper R., Cost and effect: using integrated cost systems to drive profitability and performance, Boston: Harvard Business Press, 1997; Baker G. P., Jensen M. C., Murphy K. J., "Compensation and Incentives: Practice vs. Theory", *Journal of Finance*, Vol. 43, No. 3 (Jul., 1988); Jensen M. C., Murphy K. J., "Performance Pay and Top-Management Incentives", *Journal of Political Economy*, Vol. 98, No. 2 (Apr., 1990).

③ Main B. G. M., O'Reilly C. A., Wade J., "Top Executive Pay: Tournament or Teamwork?", *Journal of Labor Economics*, Vol. 11, No. 4 (Jan., 1993).

④ Ibid.

⑤ Werner S., Ward S. G., "Recent Compensation Research: An Eclectic Review", *Human Resource Management Review*, Vol. 14, No. 2 (Jun., 2004).

⑥ Leventhal G. S., "What Should be Done with Equity Theory? New Approaches to the Study of Fairness in Social Relationships", *Social Exchange Advances in Theory & Research*, (Jan., 1976).

了激励高技能员工，一味提高薪酬差距，在人际关系上使高技能员工处于被孤立状态，并不会促进组织效率。薪酬保密制度则能很好地解决这一矛盾。薪酬信息保密使员工无法获取其他员工的信息，失去了内部比较对象，有效避免了内部矛盾。相对于薪酬信息公开的组织，可以采取较大的薪酬差距。

贝克（George P. Baker）等、詹森和墨菲认为职务晋升体系运用的好坏依赖于竞赛者所处的组织成长性[1]。职务晋升体系可能会在快速成长的公司中运作良好，但是却有可能在增长缓慢或者收缩的公司中出现问题，公司成长性不同可能会对晋升体系和高管层级差报酬的决定变量产生较大的影响。

此外，西方学者还发现了个人特征对薪酬差距产生影响的经验证据。梅因和查尔斯研究发现薪酬差距与竞争者的工作经验以及CEO任期呈显著正相关关系[2]。在以北美地区为样本的研究中发现，女性比例越高的组织个体薪酬差距越大，男女薪酬差别越大，当女性比例与男性比例各占50%时，薪酬差距最大。种族的差异程度与性别差异程度一样，当非白人与白人比例各占50%时，薪酬差距最大。明瑟（Jacob Mincer）认为，组织内部不同员工的人力资本差异会影响薪酬差距，以工龄、学历、职称、工作经验等指标的标准差作为自变量，发现对薪酬差距具有较高的解释力度[3]。

（二）国内对薪酬差距影响因素的研究

林俊清等的研究表明，影响我国公司薪酬差距的主要因素不是公

---

[1] Baker G. P., Jensen M. C., Murphy K. J., "Compensation and Incentives: Practice vs. Theory", *Journal of Finance*, Vol. 43, No. 3 (Jul., 1988); Jensen M. C., Murphy K. J., "Performance Pay and Top-Management Incentives", *Journal of Political Economy*, Vol. 98, No. 2 (Apr., 1990).

[2] Main B. G. M., O'Reilly C. A., Wade J., "Top Executive Pay: Tournament or Teamwork?", *Journal of Labor Economics*, Vol. 11, No. 4 (Jan., 1993).

[3] Mincer J., "The Distribution of Labor Incomes: a Survey with Special Reference to the Human Capital Approach", *Journal of Economic Literature*, Vol. 8, No. 1 (Feb., 1970).

司外部市场环境因素和企业自身经营运作上的特点，而是公司治理结构。① 曾思琦认为，所有权结构和董事会治理结构对高管薪酬差距具有相当影响力，国有股比例越高，薪酬差距缩小；董事会规模越大，领薪董事所占分量越多，独立董事比例越高，薪酬差距拉大。②

公司自身特征对薪酬差距产生重要影响，鲁海帆研究发现，随着多元化中各业务间相关程度的加大和业务种类数量的增加，薪酬差距也随之增加。③ 与国外研究结论一致，国内学者的研究表明公司规模与薪酬差距呈正相关关系，高管团队规模越大，竞争人数越多，薪酬差距越大，高管团队内部薪酬差距与企业规模，企业发展速度，高管团队人数显著正相关，而与股权集中度显著负相关，实证结果还发现当 CEO 兼任董事会主席时，高管团队内部薪酬差距会增大。④

上市公司所在地区的经济发展水平的高低影响薪酬差距的大小，李增泉和谌新民等⑤发现，地区的差异对高管人员报酬的影响很大，较为发达的地区高管人员的报酬会显著高于欠发达地区。王一颖取得东部沿海发达地区的薪酬差距显著高于中西部内陆地区的薪酬差距的经验证据⑥。陈震和张鸣研究发现，随着高管层竞争人数和公司所处地区的经济发达程度的提高，管理层薪酬差距也随之扩大，在高成长

---

① 林俊清、黄祖辉、孙永祥：《高管团队内薪酬差距、公司绩效和治理结构》，《经济研究》2003 年第 4 期。
② 曾思琦：《高管薪酬差距影响因素的实证研究》，硕士学位论文，暨南大学，2007 年。
③ 鲁海帆：《高管团队内薪酬差距、合作需求与多元化战略》，《管理科学》2007 年第 4 期。
④ 王一颖：《中国上市公司高管团队内部薪酬差异：成因及对企业绩效影响的实证分析》，硕士学位论文，复旦大学，2008 年。
⑤ 李增泉：《激励机制与企业绩效——一项基于上市公司的实证研究》，《会计研究》2000 年第 1 期；谌新民、刘善敏：《上市公司经营者报酬结构性差异的实证研究》，《经济研究》2003 年第 8 期。
⑥ 王一颖：《中国上市公司高管团队内部薪酬差异：成因及对企业绩效影响的实证分析》，硕士学位论文，复旦大学，2008 年。

的公司中，薪酬差距随着公司规模的增加而扩大，但在低成长公司中，没有发现薪酬差距随公司规模的增加而扩大或减少的证据。[1]

从国内外文献可见，学者们从不同视角对薪酬差距进行了研究，但是仍然存在着缺陷，主要是：对薪酬差距影响因素的研究虽然考虑了公司的内外部环境和管理者自身等多种因素，但是不同因素影响下薪酬差距的价值激励效应如何？这一问题的结果并不清晰。

二 管理者权力与薪酬差距的文献综述

（一）国外研究动态

在经典的代理理论中，委托人将任务委派给代理人，而代理人的利益与委托人的利益不一致，存在代理人为了个人私利而损害委托人利益的行为，对这个问题一个可行的解决办法是，当代理人完成任务时给予他们一定的薪酬激励。最优契约理论认为有效的契约安排可以激励管理者基于股东利益最大化行事[2]，将管理者薪酬与公司绩效挂钩是解决代理问题的有效方法。然而，现实与之相差太远，理论界和实务界对管理者薪酬的争议较大，许多经验证据与通过代表股东利益的董事会与管理者制定最优契约的理论不符[3]，高管薪酬近几年迅速增长，大大超过了平均工资的增长速度。管理者薪酬和企业绩效的关系不大，从托西（Henry L. Tosi）等的分析来看企业绩效仅能够解释CEO总薪酬变动的5%不到[4]。此外，高额的股票期权，不断爆发与

---

[1] 陈震、张鸣：《高管层内部的级差报酬研究》，《中国会计评论》2006年第4期。
[2] Jensen M. B., Meckling W. H., "Theory of the Firm: Managerial Behavior, Agency Costs and Ownership Structure", *Journal of Financial Economics*, Vol. 3, No. 4 (Oct., 1976).
[3] Edmans A., Gabaix X., "Is CEO Pay Really Inefficient? A Survey of New Optimal Contracting Theories", *European Financial Management*, Vol. 15, No. 3 (Jun., 2009).
[4] Tosi H. L., Werner S., Katz J. P., "How Much does Performance Matter? A Meta-Analysis of CEO Pay Studies", *Journal of Management*, Vol. 26, No. 2 (Apr., 2000).

之相关的财务丑闻现象都和经典的委托代理模型相矛盾，近年来一个较有影响并广受关注的解释是高管薪酬是高管自定的管理权力理论。①

较早发现这一现象的是梅因，他发现一些 CEO 牢牢控制着董事的提名过程②。博伊德（Brian K. Boyd）的研究发现，在董事会对公司的控制较弱时，CEO 将获得更高的薪酬水平。③ 哈洛克（Kevin F. Hallock）进一步发现一些公司通过与其他公司互派董事结成关系网，造成高管报酬决策的制定不独立、不公正。④ 科尔等发现，当公司治理机制薄弱时，CEO 通常能够获得更高的薪酬水平。⑤ 耶马克（David Yermark）发现经理在公司的好消息发布之前行使股票期权，在坏消息发布后延期行权，这说明管理者可以通过控制股票期权的行使进行自我激励。⑥ 墨菲也指出，由于管理者薪酬的最初提案通常是由公司人事部门提出，首先送往公司高管进行审核和修改，再送交薪酬与考核委员会进行表决，因此，管理者确实有能力影响其自身薪酬激励方案的制定。⑦ 学者们由此开始关注管理者权力对薪酬激励的影响。

管理者权力一般是在公司内部治理出现缺陷同时外部缺乏相应监

---

① Bebchuk, L. A., Fried, J. M., Pay without performance: the unfulfilled promise of executive compensation, Boston: Harvard University Press, 2004.

② Main B. G. M., O'Reilly C. A., Wade J., "Top Executive Pay: Tournament or Teamwork?", *Journal of Labor Economics*, Vol. 11, No. 4 (Jan., 1993).

③ Boyd, B. K., "Board Control and CEO Compensation", *Strategic Management Journal*, Vol. 15, No. 5 (Jun., 1994).

④ Hallock K. F., "Reciprocally Interlocking Boards of Directors and Executive Compensation", *Journal of Financial and Quantitative Analysis*, Vol. 32, No. 3 (Sep., 1997).

⑤ Core J. E., Holthausen R. W., Larcker D. F., "Corporate Governance, Chief Executive Officer Compensation, and Firm Performance", *Journal of Financial Economics*, Vol. 51, No. 3 (Mar., 1999).

⑥ Yermack D. "Good Timing: CEO Stock Option Awards and Company News Announcements", *Journal of Finance*, Vol. 52, No. 2 (Jun., 1997).

⑦ Murphy K. J., "Explaining Executive Compensation: Managerial Power Versus the Perceived Cost of Stock Options", *University of Chicago Law Review*, Vol. 69, No. 3 (Summer, 2002).

督约束机制的情况下,管理层所表现出的对公司权力体系(包括决策权、监督权和执行权)的影响能力。艾森哈特(Kathleen M. Eisenhardt)和布尔日斯(L. J. Bourgeios)强调了这一概念在理解企业和其他组织行为时的重要性[①]。芬克尔斯坦将"管理者权力"定义为:管理者影响或实现关于董事会或薪酬委员会制定的薪酬决策的意愿的能力,并从权力来源角度定义了四维权力,即组织结构权力、所有者权力、专家权力和声誉权力。[②] 拜伯切克等针对"最优契约论",提出了"管理权力论",认为管理者俘获了董事会,管理者激励不再被看作解决代理问题的工具,而成了代理问题的一部分。[③] 部分代理问题就是管理者利用激励补偿为自身谋取租金,管理者行使权力而获得的超过最优契约下他应该获得的那部分薪酬构成租金。

许多研究证实管理权力确实影响高管薪酬。德姆塞茨(Harold Demsetz)与米勒(Dennis C. Mueller)和尤恩(S. Lawrence Yun)认为经理报酬决定于经理与董事会讨价还价能力,相比于权力较小的经理而言,权力大的经理具有较强的议价能力,从而将获得较高水平的报酬。[④] 克里斯特尔指出,管理者会利用自身优势与股东讨价还价以获得更高的薪酬水平,薪酬制度出现被管理者操纵的漏洞。[⑤] 汉布里克

---

① Eisenhardt K. M., Bourgeois L. J., "Politics of Strategic Decision Making in High-Velocity Environments: Toward a Midrange Theory", *Academy of management journal*, Vol. 31, No. 4 (Dec., 1988).

② Finkelstein S., "Power in Top Management Teams: Dimensions, Measurement, and Validation", *Academy of Management Journal*, Vol. 35, No. 3 (Aug., 1992).

③ Bebchuk L. A., Fried J. M., Walker D. I., "Managerial Power and Rent Extraction in the Design of Executive Compensation", *University of Chicago Law Review*, Vol. 69, No. 3 (Summer, 2002).

④ Demsetz H., "the Structure of Ownership and the Theory of the Firm", *Journal of Law & Economics*, Vol. 26, No. 2 (Jun., 1983); Mueller D. C., Yun S. L., "Managerial discretion and managerial compensation", *International Journal of Industrial Organization*, Vol. 15, No. 4 (Jul., 1997).

⑤ Crystal G. S., In Search of Excess: the Over-Compensation of American Executives, New York: Norton, 1991, p. 18.

（Donald C. Hambrick）和芬克尔斯坦证实在管理者控制的企业中，CEO 薪酬似乎增长得更快①。康勇（Martin J. Conyon）和佩克（Simon I. Peck）发现 40% 的薪酬委员会中会有 CEO 或其他执行董事，因此，薪酬委员会并不独立，依然受到高管的影响。② 科尔等研究发现当董事会规模较大且很多外部董事由 CEO 来任命时，此时 CEO 对董事会的控制力较强，CEO 的激励薪酬往往很高。③ 希夫达萨尼（Anil Shivadasani）和耶马克研究发现 CEO 参与董事会新成员的选举可以减少自身所受监管压力的证据④。西尔特（Richard M. Cyert）等发现两职兼任 CEO 的薪酬一般比其他的高出 20%—40%，董事会成员持股比例与 CEO 的薪酬呈较显著的负相关关系，董事会成员持股比例每增加一倍，会相应导致首席执行官薪酬降低 4%—5%。⑤ 伯特兰（Marianne Bertrand）和穆来纳森（Sendhil Mullainathan）的研究发现，CEO 报酬与其运气有关，CEO 的报酬可能是凭借"运气"获得，进一步研究发现公司治理较差的企业支付给 CEO 较高的"运气"薪酬，公司治理的不完善是管理者权力的来源，表明管理者利用其权力能够影响薪酬契约。⑥ 多尔夫（Michael B. Dorff）发现高管薪酬与盈利绩效的敏感度更高，而与亏损绩效的敏感度更低，薪酬仅对好的绩效反

---

① Hambrick D. C., Finkelstein S., "The effects of Ownership Structure on Conditions at the top: The Case of CEO Pay", *Strategic Management Journal*, Vol. 16, No. 3 (Jan., 1995).

② Conyon M. J., Peck S. I., "Board Control, Remuneration Committees, and Top Management Compensation", *Academy of Management Journal*, Vol. 41, No. 2 (Apr., 1998).

③ Core J. E., Holthausen R. W., Larcker D. F. "Corporate Governance, Chief Executive Officer Compensation, and Firm Performance", *Journal of Financial Economics*, Vol. 51, No. 3 (Mar., 1999).

④ Shivdasani A., Yermack D., "CEO Involvement in the Selection of New Board Members: An Ampirical Analysis", *Journal of Finance*, Vol. 54, No. 5 (Oct., 1999).

⑤ Cyert R. M., Kang S. H., Kumar P., "Corporate Governance, Takeovers, and Top-Management Compensation: Theory and Evidence", *Management Science*, Vol. 48, No. 4 (Apr., 2002).

⑥ Bertrand M., Mullainathan S., "Are CEOs Rewarded for Luck? the Ones without Principals are", *The Quarterly Journal of Economics*, Vol. 116, No. 3 (Aug., 2001).

应，即高管薪酬具有黏性特征，支持管理权力理论。[1] 埃里克森（Tor Eriksson）的研究也表明，管理者权力是影响薪酬契约的重要因素[2]，管理者权力与其获得的薪酬水平具有显著的正相关关系[3]，管理者利用其拥有的权力通过各种途径影响薪酬契约的制定，进而提高了其显性与隐性薪酬水平，并尽可能实现自定薪酬以获取更高的收益。[4] 法伦布拉什（Rüdiger Fahlenbrach）采用 CEO 任期、两职兼任、董事会规模与独立性、机构投资者持股比例等指标来衡量高管权力，发现 CEO 权力能够显著提高总薪酬[5]。道（Janes Dow）和拉波索（Clara C. Raposo）对于管理者利用权力获取高额薪酬的途径研究发现，权力较大的管理者可以直接通过影响董事会对管理者薪酬契约的制定而获得高额薪酬，因此不会基于薪酬目的而进行盈余管理，但权力较小的管理层会为提高自身薪酬而进行盈余管理。[6]

研究管理者权力对薪酬差距影响的文献数量有限，现有的经验证据大多支持管理者权力会扩大管理团队内的薪酬差距。安格热瓦（Anup Agrawa）和肯偶尔博（Charles R. Knoeber）研究表明，可供经

---

[1] Dorff M. B., "Does One Hand Wash the Other? Testing the Managerial Power and Optimal Contracting Theories of Executive Compensation", *Journal of Corporation Law*, Vol. 30, No. 2 (Aug., 2005).

[2] Eriksson T., "Managerial Pay and Executive Turnover in the Czech and Slovak Republics", *Economics of Transition*, Vol. 13, No. 4 (Oct., 2005).

[3] Morse A., Nanda V., Seru A., "Are Incentive Contracts Rigged by Powerful CEOs?", *Journal of Finance*, Vol. 66, No. 5 (Oct., 2011); Cheng S., Indjejikian R. J., "The Market for Corporate Control and CEO Compensation: Complements or Substitutes?", *Contemporary Accounting Research*, Vol. 26, No. 3 (Fall, 2009).

[4] Duffhues P., Kabir R., "Is the Pay - Performance Relationship always Positive?: Evidence from the Netherlands", *Journal of Multinational Financial Management*, Vol. 18, No. 1 (Feb., 2008); Kuhnen C., Zwiebel J., "Executive pay, Hidden Compensation and Managerial Entrenchment", Rock Center for Corporate Governance Working Paper No. 16, 2008.

[5] Fahlenbrach R., "Shareholder Rights, Boards, and CEO Compensation", *Review of Finance*, Vol. 13, No. 1 (Jan., 2009).

[6] Dow J., Raposo C. C., "CEO Compensation, Change, and Corporate Strategy", *Journal of Finance*, Vol. 60, No. 6 (Dec., 2005).

理支配的资源规模越大,经理的权力空间也就越大。① 普伦德加斯特(Canice Prendergast)发现,可供经理支配的资源规模与高管薪酬差距显著正相关②。安特尔(Rick Antle)和史密斯(Abbie Smith)也指出,高成长性行业中,只有较大的高管报酬差距才能吸引和保持高能力的经理。③

总体来看,管理权力理论能解释很多最优契约理论不能解释的"薪酬之谜",从管理者权力理论来解释薪酬激励问题越来越成为理论研究的重点。

(二)国内研究动态

近年来,我国学者也开始从管理者权力角度对薪酬激励问题进行研究,吕长江和赵宇恒对国有企业高层管理者货币性补偿与企业绩效的关系进行研究发现,权力强大的管理者可以自己设计激励组合,在获取权力收益的同时实现高货币性补偿,并不需要盈余管理迎合董事会的激励要求;而权力较弱的管理者则更关注货币性补偿,只能通过盈余管理虚构利润,以达到薪酬考核的目的。④ 卢锐研究发现管理层权力型企业管理层的货币薪酬特点为薪酬更高;薪酬与盈利、亏损业绩的敏感度更具有明显的非对称性,即薪酬与盈利业绩的敏感度更高,与亏损业绩的敏感度更低,部分企业出现薪酬与业绩弱相关,甚至不相关。⑤

---

① Agrawal A., Knoeber C. R., "Firm Performance and Mechanisms to Control Agency Problems between Managers and Shareholders", *Journal of Financial and Quantitative Analysis*, Vol. 31, No. 3 (Sep., 1996).

② Prendergast C., "The Provision of Incentives in Firms", *Journal of Economic Literature*, Vol. 37, No. 1 (Mar., 1999).

③ Antle R., Smith A., "An Empirical Investigation of the Relative Performance Evaluation of Corporate Executives", *Journal of Accounting Research*, Vol. 24, No. 1 (Spring, 1986).

④ 吕长江、赵宇恒:《国有企业管理者激励效应研究——基于管理者权力的解释》,《管理世界》2008 年第 11 期。

⑤ 卢锐:《管理层权力、薪酬与业绩敏感性分析——来自中国上市公司的经验证据》,《当代财经》2008 年第 7 期。

卢锐分析了管理层权力对薪酬差距的影响。相对于其他企业，管理层权力较大的企业中，高管团队内部的薪酬差距以及核心高管与全体员工的薪酬差距都更大。① 但其研究设计比较简单，而且未考察上市公司制度背景对管理者权力的影响，对薪酬的界定仅包括货币薪酬，没有区分不同的股权性质进行分析，从而限制了其研究结论的可信度。方军雄研究发现，由于管理者权力的存在，导致其在公司绩效上升时得到了比普通员工更多的薪酬增长，而在公司绩效下滑时，却没有相应地降低，管理者薪酬的尺蠖效应拉大了管理者与普通员工之间的薪酬差距。② 代彬等对国有企业研究发现，国企高管通过其拥有的权力不仅获得了更高的薪酬水平，还攫取了更多的超额薪酬，拉大了高管层与普通员工之间的薪酬差距。③

总体来看，国内对于管理者权力是否影响薪酬差距问题相关研究成果目前还很少；其次，对于管理者权力变量的设计较为单一，对于薪酬差距问题的研究多是关注公司内部的管理层薪酬差距或管理层与普通员工薪酬差距，较少从宏观角度研究公司之间的外部薪酬差距问题；此外，对于薪酬差距问题的研究多是验证薪酬差距与公司价值的关系，没有从影响薪酬差距的因素入手进行深入研究。

第二节　薪酬差距与公司价值的理论回顾与文献综述

一　国外薪酬差距与公司价值研究现状

西方学者从不同角度对薪酬差距进行了解释和评价，以薪酬差距

---

① 卢锐：《管理层权力、薪酬差距与绩效》，《南方经济》2007年第7期。
② 方军雄：《高管权力与企业薪酬变动的非对称性》，《经济研究》2011年第4期。
③ 代彬、刘星、郝颖：《高管权力、薪酬契约与国企改革——来自国有上市公司的实证研究》，《当代经济科学》2011年第4期。

对公司价值的影响为判别标准形成了两种竞争性的理论：锦标赛理论和行为理论。锦标赛理论认为薪酬差距的增大对公司价值的提高起到促进作用，因而应该加大薪酬差距以提高公司价值，而行为理论认为薪酬差距的增大会影响员工之间的合作进而降低公司价值。

（一）锦标赛理论

锦标赛理论由拉齐尔和罗森于1981年提出[①]。该理论认为加大薪酬差距可以提高公司价值，公司应设计出一套随着员工职位越高而逐渐增大薪酬差距的薪酬结构。锦标赛理论把公司内部的晋升和奖励看作是一场竞赛，员工就是这场竞赛当中的竞争者，其中的胜利者将会获得一笔奖金（即各层级之间的薪酬差距）作为奖励，员工要想获得奖金就必须打败其他竞争对手，这使得公司员工可以开展有效率的竞争，从而提高公司价值。罗森进一步指出，在企业中的晋升作为序贯淘汰锦标赛时，为诱导竞赛参与者保持较高的努力水平，需要向较高等级职位的管理者支付额外的奖金。[②] 由于管理者只是决策人员，而企业员工却是各种决策的具体实施者，因此，仅仅考虑对管理者的激励显然是不全面的，锦标赛理论也被用来解释员工薪酬差距与公司价值之间的关系。唐（Kwok-kit Tong）和莱昂（Kwok Leung）将罗森提出的锦标赛模型定义为静态的锦标赛，他们在静态的锦标赛基础上提出了动态的锦标赛的概念，动态的锦标赛有多个回合的比赛，每场比赛都视为一场锦标赛。竞争者可以根据每场锦标赛的成绩回馈来调整他们在下一场锦标赛的努力程度，最后根据全部场次的锦标赛采用一定的计分方式来决出最终获胜者。[③] 因此在动态的锦标赛中，竞争者

---

① Lazear E. P., Rosen S., "Rank-order Tournaments as Optimum Labor Contracts", *Journal of Political Economy*, Vol. 89, No. 5 (Oct., 1981).

② Rosen S., "Prizes and Incentives in Elimination Tournaments", *American Economic Review*, Vol. 76, No. 4 (Sep., 1986).

③ Tong K. K., Leung K., "Tournament as a Motivational Strategy: Extension to Dynamic Situations with Uncertain Duration", *Journal of Economic Psychology*, Vol. 23, No. 3 (Jun., 2002).

的努力和锦标赛的结果是相互依赖的，而在罗森的锦标赛模型中，这种依赖性是非常小的。

毕夏普（John Bishop）概括了薪酬差距的三个主要好处，即提供员工努力的动机、吸引市场上较好的人才、降低表现好的绩效者到处寻找好工作的成本①；梅因等的研究表明，薪酬差距会随着竞争者人数的增加而增加，每增加一个竞争者会导致薪酬差距增加3%，大约13800美元②，这证明如果要维持足够强的激励就必须增加CEO与其副手之间的薪酬差；康勇等的研究表明，在CEO以下的两个行政层级中，每增加一位管理人员，CEO与其他管理人员薪酬中值的差距就提高3.5%③，支持了梅因等的结论；亨德森（Andrew D. Henderson）和弗莱德里克森（James W. Fredrickson）及林奇（James G. Lynch）的研究也支持了锦标赛理论④。

总体来看，锦标赛理论认为大的薪酬差距可以降低监控成本，为委托人和代理人的利益一致提供强激励，因此扩大薪酬差距可以提高公司价值。此外，为了持续激励代理人保持动力，为提升做出额外的努力。管理人员的薪酬会随着管理阶层的不断提高而不断增加，相邻层次之间的薪酬差距也会逐渐扩大，这样CEO的薪酬最大，其与其他阶层的薪酬差距也是最大。

---

① Bishop J., "The Recognition and Reward of Employee Performance", *Journal of Labor Economics*, Vol. 5, No. 4 (Oct., 1987).

② Main B. G. M., O'Reilly C. A., Wade J, "Top Executive Pay: Tournament or Teamwork?", *Journal of Labor Economics*, Vol. 11, No. 4 (Jan., 1993).

③ Conyon M. J., Peck S. I., Sadler G. V., "Corporate Tournaments and Executive Compensation: Evidence from the UK", *Strategic Management Journal*, Vol. 22, No. 8 (Aug., 2001).

④ Henderson A. D., Fredrickson J. W., "Top Management Team Coordination Needs and the CEO Pay Gap: A Competitive Test of Economic and Behavioral Views", *Academy of Management Journal*, Vol. 44, No. 1 (Feb., 2001); Lynch J. G., "The Effort Effects of Prizes in the Second Half of Tournaments". *Journal of Economic Behavior & Organization*, Vol. 57, No. 1 (May, 2005).

(二) 行为理论

由于锦标赛理论与绩效工资等理论一致,因此在锦标赛理论提出后得到了众多的支持,但其也逐渐受到其他理论的质疑,如,锦标赛理论认为管理者的薪酬水平主要由其所处的行政级别决定,然而这对于现实中普遍存在的同职不同酬的现象无法给予合理的解释;此外,锦标赛理论也不能说明企业组织扁平化对管理者薪酬的决定机制的具体影响等等。与锦标赛理论不同,行为理论从公平和心理学的角度对薪酬差距的形成进行了解释。行为理论认为薪酬差距是企业社会心理和政治环境的重要部分,对于组织成员是自私地追逐私有利益还是为实现组织目标共同合作具有重要影响,尽管较大的薪酬差距能够提高个人的努力程度,获得较大的激励效果,从而提高个人的业绩,但是个人业绩的提高并不一定带来整个公司价值的改善。因此,该理论强调团队之间的合作,提倡缩小薪酬差距。行为理论的理论依据中有四个分支对薪酬差距进行了解释,即社会比较理论、相对剥削理论、组织政治学理论和分配偏好理论。

1. 社会比较理论

社会比较理论是费斯廷格(Leon Festinger)于1954年提出的,该理论强调人们经常将自己的收入和与自己类似的人进行比较,以此来评价自己收入的合理性。① 在比较的过程中,由于薪酬差距很容易衡量,但是员工的努力程度及其对公司的投入和贡献却难以衡量,况且员工都有强化自身努力程度及其对公司的投入而弱化其他员工对公司的贡献的倾向,所以一旦进行薪酬水平的比较,很容易产生被不公平对待的感觉。正如考赫德(Douglas M. Cowherd)和莱文(David I. Levine)所言:即使薪酬差距由生产率的不同造成,也有可能招致

---

① Festinger L. A., "A Theory of Social Comparison Processes", *Human Relations*, Vol. 7, No. 7 (May, 1954).

不满；员工消极的工作情绪将会影响工作效率，进而损害公司的价值。[①]

2. 相对剥削理论

根据相对剥削理论，管理者都会将自己的薪酬水平与组织中较高层次员工的薪酬水平作比较，进而决定自己的管理行为。如果低层管理者感到没有得到应得的薪酬，他们会产生被剥削的感觉，从而导致低层管理者的怠工、罢工等负面行为。此外，企业也会出现类似员工对企业目标的漠不关心和企业凝聚力下降等现象的产生。[②] 因此，如果薪酬差距较大，即使这个差距完全是由于能力的不同而导致，也会成为员工不满的主要原因。因此，相对剥削理论认为，即使总经理做出比组织内部其他员工更多的贡献，他们之间的薪酬差距也会给非总经理人员带来不公平的感觉，从而影响公司价值。

3. 组织政治学理论

组织政治学理论认为员工往往面临三种选择：其一，他们的总体水平选择；其二，将他们的总体努力水平在利己和合作两个极端之间的分配选择；其三，他们的政治行为选择，尤其是努力使自己变好，使对手变差的选择。薪酬差距之所以重要的原因就是它影响了每一种选择。薪酬差距较大可以增加下属的努力水平（选择一），但是这将导致减少合作的努力，增加利己的努力来实现（选择二），同时还会增加政治阴谋的可能性（选择三），比如，阻止上司从竞争对手获得信息，尝试破坏竞争对手的声誉，通过施加影响而不是提高实质运作来美化自己声誉。[③] 组织政治学理论认为薪酬差距较大只会导致政治阴谋和利己行为，从而破坏了团队之间的合作；相反，尽可能压缩薪

[①] Cowherd D. M., Levine D. I., "Product Quality and Pay Equity Between Lower-Level Employees and Top Management: An Investigation of Distributive Justice Theory", *Administrative Science Quarterly*, Vol. 37, No. 3 (Sep., 1992).

[②] Ibid.

[③] Milgrom P., Roberts J., "Communication and Inventory as Substitutes in Organizing Production", *Scandinavian Journal of Economics*, Vol. 90, No. 3 (Sep., 1988).

酬差距将会满足人们的公平偏好,从而满足实质性合作的需要。

4. 分配偏好理论

分配偏好理论(Allocation Preference Theory)认为薪酬方案的设定应在薪酬设定者和获得者之间的互动中决定。也就是说,薪酬方案的设定应该考虑薪酬接受者的反应,按照格林伯格(Jerald Greenberg)的说法就是:薪酬应以"不给领取薪酬的人带来不满"为依据进行设定[1]。原因正如莱文瀚(Gerald Levenhal)等人所指出的:"这种不满会给薪酬设定者带来非常严重的负面后果。它可能必须承受来自不满者的指责和压力……这种指责毋庸置疑会影响薪酬设定者的权威和身份。"[2] 该理论认为,当个人边际贡献难以衡量,或者团队成员之间的竞争所带来的负面影响大于合作所带来的收益时,即使各成员的业绩存在明显差异,也应该采用相对均等的薪酬分配方案。

综上所述,行为理论表明越小的薪酬差距将会促进合作,降低高管之间政治阴谋或者损害薪酬制定者权威的可能性。因此,越是强调团队合作的企业,越应该减小薪酬差距,以提升公司价值。[3]

国外学者的实证研究大多支持了锦标赛理论的观点。弗兰克(Steven A. Frank)认为薪酬会影响一个人在组织中的身份和威望,过于平均的报酬会降低报酬产生的这种作用。[4] 米尔格罗姆(Paul Milgrom)和罗伯特(John Roberts)研究得出,较大的薪酬差距具有激励作用,吸引有才能的人士加盟;对高业绩者给予更高的报酬,有利于

---

[1] Greenberg J., "A Taxonomy of Organizational Justice Theories", *Academy of Management Review*, Vol. 12, No. 1 (Jan., 1987).

[2] Leventhal G. S., Karuza J., Fry W. R., "Beyond Fairness: A Theory of Allocation Preferences." *Justice and Social Interaction* (Springer-Verlag, 1980).

[3] Henderson A. D., Fredrickson J. W., "Top Management Team Coordination Needs and the CEO Pay Gap: A Competitive Test of Economic and Behavioral Views", *Academy of Management Journal*, Vol. 44, No. 1 (Feb., 2001).

[4] Frank S. A., "Hierarchical Selection Theory and Sex Ratios. ii. on Applying the Theory, and a Test With Fig Wasps", *Evolution*, Vol. 39, No. 5 (Sep., 1985).

薪酬—业绩链的形成及公司价值的提高;这种分配方式也有利于激励低业绩者努力工作去分享更大一份的薪酬"馅饼"。① 卡恩(Lawrence M. Kahn)和谢勒(Peter D. Sherer)研究发现,如果高级管理人员的红利受到经营业绩的显著影响,那么高管人员就会有更加优异的绩效。② 梅因等发现不论团队独立性如何,高管团队内薪酬差距与总资产收益率和股票市场回报都具有显著的正向关系,即高管团队内薪酬离散度与公司营利性之间具有正向关系。③ 米尔科维奇(George T. Milkovich)和纽曼(Janet Newman)研究认为,过小的薪酬差距会产生不利效果,它使得高水平工作、高能力人才和较高业绩得不到恰当补偿,薪酬差距的价值激励效应得不到发挥,反而产生反向激励效应。④ 亨德森和弗莱德里克森以美国公司为研究样本,发现与公平理论相比,锦标赛理论能够更好地预测 CEO 薪酬差距。⑤ 此外,博格南诺(Michael L. Bognanno)⑥关于薪酬差距与公司价值替代变量之间的研究结果也都支持锦标赛理论。

从上述文献可以看出,国外相关研究大多证明了高管薪酬差距和公司价值存在着正相关关系,体现了锦标赛理论在现代企业中具有一定的普适性。然而,也有部分研究对锦标赛理论进行质疑。例如奥莱利(Charles A. O'Reilly)等人采用美国《经济周刊》中的 1984 年年

---

① Milgrom P. R., Roberts J., "Economics, Organization & Management", *Journal of Finance*, Vol. 48, No. 1 (Jan., 2000).

② Kahn L. M., Sherer P. D., "Contingent Pay and Managerial Performance", *Industrial & Labor Relations Review*, Vol. 43, No. 3 (Feb., 1990).

③ Main B. G. M., O'Reilly C. A., Wade J., "Top Executive Pay: Tournament or Teamwork?", *Journal of Labor Economics*, Vol. 11, No. 4 (Jan., 1993).

④ Milkovich G. T., Newman J M, Compensation, Boston: Richard Irwin, 1996.

⑤ Henderson A. D., Fredrickson J. W., "Top Management Team Coordination Needs and the CEO Pay Gap: A Competitive Test of Economic and Behavioral Views", *Academy of Management Journal*, Vol. 44, No. 1 (Feb., 2001).

⑥ Bognanno M. L., "Corporate Tournaments", *Journal of Labor Economics*, Vol. 19, No. 2 (Apr., 2001).

度高管人员薪酬报告中的9个行业105家公司的数据进行研究,发现薪酬差距与公司业绩相关性非常弱,并未找到支持锦标赛理论的证据。①

此外,还有一些实证研究的结果为行为理论提供了有力的支持。多伊奇(Morton Deutsch)的研究发现,在需要很强相互合作的组织中,组织业绩依赖于共同努力,过大的薪酬差距会不利于组织合作,影响组织业绩。② 阿克洛夫(George A. Akerlof)和耶伦(Janet L. Yellen)也发现,差距较小的薪酬结构更能增加企业内相互合作的关系,从而有助于提升公司价值。③ 西格尔(Alex Siegel)与汉布里克发现较大的薪酬差距将减少团队成员间的沟通,加深成员之间的隔阂,并可能增加相互间的比较和竞争,从而减少团队内的合作,因此他们认为在对高管团队合作有较高要求的行业,较小的薪酬差距会带来较高的股票回报率。④ 可见,这些结论与行为理论预期相同,均强调组织内薪酬结构与管理目标及合作团队相互配合的重要性。

总体来看,国外该领域的研究成果相对比较丰富,尽管目前尚未得出一致结果,但大多学者认为,锦标赛理论比行为理论更符合现代企业的实际情况。在监督成本高昂的情况下,公司一般更愿意采用扩大差距以激励高管团队,强调高管人员之间的竞争以选拔出最优秀的人才使公司最终受益,而不是强调高管人员之间的公平促进高管人员之间的协调合作来促进公司价值的提高。在大多情况下,锦标赛理论

---

① O'Reilly C. A., Main B. G., Crystal G. S., "CEO Compensation as Tournament and Social Compensation: a Tale of Two Theories", *Administrative Science Quarterly*, Vol. 33, No. 2 (Jan., 1988).

② Deutsch D., Distributive Justice: a Social Psychological Perspective, New Haven: Yale University Press, 1985, p. 39 – 58.

③ Akerlof G. A., Yellen J. L., "The Fair Wage-Effort Hypothesis and Unemployment", *Quarterly Journal of Economics*, Vol. 105, No. 2 (May, 1990).

④ Siegel P. A., Hambrick D. C., "Business Strategy and the Social Psychology of Top Management Teams", *Advances in Strategic Management*, Vol. 13, No. 13 (Jan., 1996).

比行为理论更好地解释了高管薪酬差距对公司价值的影响作用，不足之处在于没有将引起薪酬差距的因素与薪酬差距的价值效应结合起来，没有形成一个完整的研究链条。

二 国内薪酬差距与公司价值研究现状

目前国内学者对薪酬差距的研究仍处于起步阶段，对锦标赛理论和行为理论在中国上市公司的适用性仍存在一定的争议，相关实证研究结果也不完全一致。

从现有文献看，大多国内学者的研究结论表明我国上市公司高管的薪酬差距符合锦标赛理论。其中，林俊清等以1999—2000年的混合数据为样本检验我国高管团队内薪酬差距与公司绩效之间的关系时，发现我国上市公司薪酬差距与未来公司绩效之间存在正相关关系①，该结果支持薪酬激励的锦标赛理论。苏冬蔚以1999—2006年的1386家上市公司34701名高管为样本，检验中国转型经济条件下高管人员薪酬是否符合锦标赛理论的预期，其研究结果发现，随着市场化程度的提高，中国的上市公司已经采纳了与锦标赛理论的预期在很大程度上一致的薪酬结构。② 而陈震和张鸣将上市公司区分成长性不同的两组样本，发现高成长性公司的高管薪酬差距与公司市场业绩之间存在显著正相关关系，低成长公司的高管薪酬差距与公司每股收益指标之间存在显著正相关关系。③ 陈林等对中国上市公司的研究，发现公司内部高级管理人员的薪酬差异程度越大，公司业绩越好。④ 鲁海帆、卢锐的研究也同样表明高管团队内部的薪酬差距有助于提升公司

---

① 林俊清、黄祖辉、孙永祥：《高管团队内薪酬差距、公司绩效和治理结构》，《经济研究》2003年第4期。

② Dongwei S., "State Ownership, Corporate Tournament and Executive Compensation: Evidence From Public Listed Firms in China", *Singapore Economic Review*, Vol. 56, No. 3 (Nov., 2011).

③ 陈震、张鸣：《高管层内部的级差报酬研究》，《中国会计评论》2006年第4期。

④ Lin C., Shen W., Su D., "Corporate Tournament and Executive Compensation in a Transition Economy: Evidence from Publicly Listed Firms in China", Working Paper, 2005.

价值①。卡托（Takao Kato）和郎（Chery Long）对中国上市公司管理者薪酬差距与公司绩效的研究发现，薪酬差距与公司绩效正相关，但薪酬差距的激励效应在非国有控股的公司中更显著。② 刘春和孙亮对国有企业高管与员工之间的薪酬差距研究发现，国企内部薪酬差距与公司绩效显著正相关，支持锦标赛理论，但是薪酬差距的激励效应因地区和公司间差异而不同。③ 这些研究结果表明，近年来我国上市公司已逐步建立起市场化的薪酬激励机制，高管薪酬差距的适量扩大能有效提高公司价值。

此外，中国文化讲究"以和为贵"，强调重视人际关系的和谐发展，而且自古就有"不患寡而患不均"的观念。在中国公平因素对社会生活的各方面有着深远的影响，因此，关于锦标赛理论在中国上市公司的适用性，目前国内学者们对此仍存在一定的争议。有一些学者的实证研究得出了支持行为理论的结论。比如，张正堂和李欣的研究发现不论是高管团队核心成员之间的薪酬差距还是整个高管团队内的薪酬差距均与公司价值呈负相关关系④，符合行为理论的预期。张正堂进一步提出高层管理团队内部薪酬差距、高管团队与员工的薪酬差距对组织未来绩效影响的理论假说，实证结果发现：高管团队薪酬差距对组织未来绩效 ROA 有负向的影响，高管与员工薪酬差距对组织未来绩效 ROA 没有显著影响，但是技术复杂性、企业人数和组织内部两个方面薪酬差距的交互作用对未来绩效 ROA 均有正向的影响。⑤ 但作者并未解释为何部分结果符合锦标赛理论而另一部分却支持提倡

---

① 鲁海帆：《高管团队内薪酬差距、合作需求与多元化战略》，《管理科学》2007 年第 4 期；卢锐：《管理层权力、薪酬差距与绩效》，《南方经济》2007 年第 7 期。

② Kato T., Long C., "Tournaments and Managerial Incentives in China's Listed Firms: New Evidence", *China Economic Review*, Vol. 22, No. 1 (Mar., 2011).

③ 刘春、孙亮：《薪酬差距与企业绩效：来自国企上市公司的经验证据》，《南开管理评论》2010 年第 2 期。

④ 张正堂、李欣：《高层管理团队核心成员薪酬差距与企业绩效的关系》，《经济管理》2007 年第 2 期。

⑤ 张正堂：《企业内部薪酬差距对组织未来绩效影响的实证研究》，《会计研究》2008 年第 9 期。

公平的行为理论,且其研究并没有考虑我国企业制度环境和公司治理结构对高管团队内薪酬差距及其经济后果的影响,存在一定的局限性。

可见,国内对薪酬差距的价值效应远未取得一致结论;从研究思路来看,大多是简单检验薪酬差距对公司价值的影响,而没有从源头上考虑薪酬差距形成的原因,从管理者权力角度考虑其对薪酬差距价值激励效应的影响的研究很少见,存在理论空白;从研究数据和内容看,多是2005年之前的数据,多是研究组织内部薪酬差距问题的价值效应,对公司之间的外部薪酬差距的价值效应研究较少,而近年来我国上市公司的薪酬激励制度发生了很大变革,2005年上市公司披露管理层薪酬成为一项强制规定,薪酬的公开使得外部薪酬差距对公司价值的影响值得进一步研究。此外,我国特殊的制度背景下,不同股权属性、行业竞争程度以及所在地区的市场化进程的差异都会对薪酬差距的激励效应有所影响,而在这一方面现有的研究也有所欠缺。

第三节 管理者权力对薪酬激励效应的文献综述

管理者权力认为,管理层通过权力寻租会使其得到更多的收入,拉大收入差距,但是这种不是真实的经营努力获取的收入会对公司价值产生重大负面效应。由于董事缺乏足够的信息、时间、专长和技巧与高管进行谈判,而且,与高管的自利倾向相比,董事使用公司的资源而不是自己的资源,所以最终薪酬的设计往往因偏袒高管而无效并加剧了代理问题,这样权力型的管理者将获得更多薪酬,拉大薪酬差距。当董事会成员批准了对管理层有利的薪酬方案时,他们承受的成本主要取决于这种安排是否被重要外部人所感知。因为当这种粗暴安排被感知时,股东们可能会减少对现任高管在代理权竞争或收购要约中的支持，即产生所谓"激怒成本"（Outrage Cost）。激怒可能使得股东会对董事和高管施加压力，董事和高管可能因此声誉受损。因为薪酬制定者不希望激怒股东，他们有强烈的动机去使得高管的薪酬和薪酬业绩敏感度更加的模糊和合法化，更通俗地讲就是去"掩饰"（Camouflage）。例如，为了降低薪酬的透明性，出现了退休后福利计划、聘请薪酬顾问、延期支付薪酬、养老金计划、高管贷款等等各种薪酬设计。这种掩饰的企图导致无效薪酬结构的采用，即降低了高管的激励和公司价值，强加给了股东大量成本。此外，为了掩盖管理者运用权力影响薪酬契约的寻租行为，管理者通常会进行盈余管理或者操纵信息披露，甚至采取一些抵消的薪酬方案，扭曲或弱化管理层激励，损害股东价值。格林施泰因（Yaniv Grinstein）和赫里巴尔（Paul Hribar）研究发现权力较大的 CEO 能够通过影响董事会的决策使公司进行大额并购行为，基于管理者权力的并购可以给管理层带来更多与企业并购绩效并不相关的奖金。[1] 莫尔斯（Adair Morse）等认为当管理者权力超越董事会的控制时，权力较大的 CEO 能够通过薪酬契约进行寻租，由于管理者权力对其自身激励契约的影响而损害了股东价值。[2]

辛清泉等基于中国国企薪酬管制的制度背景，就经理薪酬对投资的影响进行了理论分析，发现当薪酬契约无法对经理的工作努力和经营才能做出补偿和激励时，有更多的证据表明地方政府控制的上市公司存在着因薪酬契约失效导致的投资过度现象。[3] 陈冬华等、卢锐等分析了当前我国法律和产权制度的现状后认为，在外部制度约束较弱

---

[1] Grinstein Y., Hribar P., "CEO Compensation and Incentives: Evidence from M&A Bonuses", *Journal of Financial Economics*, Vol. 73, No. 1 (Jul., 2004).

[2] Morse A., Nanda V., Seru A., "Are Incentive Contracts Rigged by Powerful CEOs?", *Journal of Finance*, Vol. 66, No. 5 (Oct., 2011).

[3] 辛清泉、林斌、王彦超：《政府控制、经理薪酬与资本投资》，《经济研究》2007 年第 8 期。

的环境下，权力型管理层在职消费水平明显偏高①，这直接造成了企业产权效率、经营业绩的降低。权小锋和吴世农在引入社会和组织行为学的理论后，发现 CEO 的权力强度越高，企业经营业绩的波动性越大，而且这种现象在国企表现更为明显。②权小锋等进一步以国有上市公司为样本研究发现，国有企业高管的权力越大，其获得的私人收益越高，薪酬与操纵性业绩之间的敏感性越大，且这种操纵性薪酬具有负面的价值效应。③卢锐研究发现，相对于其他企业，管理者权力大的企业高管团队的薪酬差距以及核心高管与全体员工的薪酬差距都更大，但绩效并未更好。④在我国，管理者权力是影响薪酬激励及绩效的重要因素，他可能使得薪酬激励本身成为代理问题的一部分。吴育辉和吴世农研究发现，公司高管的薪酬水平随其控制权的增加而显著提高，高管高薪并未有效降低公司的代理成本，反而提高了代理成本⑤，这表明我国上市公司高管在其薪酬制定过程中的自利行为降低了薪酬契约的激励作用。方军雄的研究表明，中国的薪酬契约在很大程度上受到了管理者权力的影响，管理者利用其权力在公司业绩上升时，得到了比普通员工更大的薪酬增加幅度，而在业绩下降时，管理者的薪酬增幅并没有显著低于普通员工，管理者权力主导下的薪酬尺蠖效应是导致上市公司内部管理者与普通员工薪酬差距不断拉大的重要原因。⑥代彬等对国有企业的研究表明，管理者权力引发了其在

---

① 陈冬华、陈信元、万华林：《国有企业中的薪酬管制与在职消费》，《经济研究》2005 年第 2 期；卢锐、魏明海、黎文靖：《管理层权力、在职消费与产权效率——来自中国上市公司的证据》，《南开管理评论》2008 年第 5 期。

② 权小锋、吴世农：《CEO 权力强度、信息披露质量与公司业绩的波动性——基于深交所上市公司的实证研究》，《南开管理评论》2010 年第 4 期。

③ 权小锋、吴世农、文芳：《管理层权力、私有收益与薪酬操纵》，《经济研究》2010 年第 11 期。

④ 卢锐：《管理层权力、薪酬差距与绩效》，《南方经济》2007 年第 7 期。

⑤ 吴育辉、吴世农：《企业高管自利行为及其影响因素研究——基于我国上市公司股权激励草案的证据》，《管理世界》2010 年第 5 期。

⑥ 方军雄：《高管权力与企业薪酬变动的非对称性》，《经济研究》2011 年第 4 期。

薪酬激励方面的自利行为，管理者利用其权力获得了更高的薪酬水平和超额回报，并且导致管理者与普通员工之间的薪酬差距逐步拉大。[①] 刘星和徐光伟的研究发现，在国有企业中，存在管理者利用其权力影响自身薪酬契约、扭曲薪酬激励机制的现象，并导致管理者薪酬具有向下的刚性和向上的弹性，管理者的薪酬业绩敏感性存在不对称的现象[②]，即在我国国有企业中，存在高管利用其权力为自己谋求私利的动机。可见，在管理者权力的研究方面，国内学者主要是检验管理者权力对薪酬契约的影响，而较少继续研究管理者权力对薪酬契约影响的后果，直接检验管理者权力对薪酬契约激励效应的影响的研究还很少。

通过以上对国内外研究文献的回顾，我们可以发现管理者权力是影响薪酬契约激励效应的重要因素，管理者权力的存在使得作为解决委托代理问题的薪酬契约本身反而成为代理问题的一种表现，管理者权力是国内外对薪酬激励问题进行解释的一个新的切入点，但是我国的制度背景与国外有着显著的差异，通过构造基于我国制度背景的管理者权力变量，从公司内部薪酬差距和外部薪酬差距的角度，研究管理者权力对薪酬契约激励效应的影响能够为薪酬契约的管理者权力假说在中国上市公司的适用性提供证据，为完善薪酬激励实践进而提升公司价值提供新的经验启迪。

---

① 代彬、刘星、郝颖：《高管权力、薪酬契约与国企改革——来自国有上市公司的实证研究》，《当代经济科学》2011年第4期。
② 刘星、徐光伟：《政府管制、管理层权力与国企高管薪酬刚性》，《经济科学》2012年第1期。

第四章 管理者权力、内部薪酬差距与公司价值

现代企业所有权与经营权的分离产生了股东与管理者的代理问题，代理问题产生的根源在于管理者与股东的利益函数不一致，因此将管理者的利益函数与股东的利益函数趋于一致的管理者激励契约是缓解代理问题的重要公司治理机制。公司内部的薪酬差距问题是薪酬契约制定中的重要问题，薪酬差距的大小会影响到公司价值创造，产生相应的价值激励效应，西方学者对企业内部薪酬差距价值激励效应的研究，形成锦标赛理论和行为理论这两种竞争性理论，锦标赛理论认为，薪酬差距具有正面价值激励效应，薪酬差距越大，公司绩效越好[1]；行为理论则认为，薪酬差距会对员工之间的合作产生不利影响，具有负面价值激励效应。可见，这两种理论在薪酬差距的激励效应上具有分歧，国外的研究尚未得到一致的结论。近年来，我国学者也开始对薪酬差距的激励效应有所研究，部分学者的研究支持了锦标赛理论[2]，部分学者的研究提供了支持行为理论的经验证据[3]。我国学者

---

① Lazear E. P., Rosen S., "Rank-order Tournaments as Optimum Labor Contracts", *Journal of Political Economy*, Vol. 89, No. 5 (Oct., 1981).

② 林俊清、黄祖辉、孙永祥：《高管团队内薪酬差距、公司绩效和治理结构》，《经济研究》2003年第4期；陈震、张鸣：《高管层内部的级差报酬研究》，《中国会计评论》2006年第4期；胥佚萱：《企业内部薪酬差距、经营业绩与公司治理——来自中国上市公司的经验证据》，《山西财经大学学报》2010年第7期。

③ 张正堂、李欣：《高层管理团队核心成员薪酬差距与企业绩效的关系》，《经济管理》2007年第2期。

对薪酬差距激励效应研究结果的差异的原因可能在于：第一，学者们所选用的价值指标不同；第二，由于薪酬差距与公司价值之间具有内生性，而现有研究较少考虑这一点。

近年来，在高管薪酬的决定问题上，针对传统的最优契约理论不能解释的高管薪酬现象，拜别切克和弗里德提出了管理者权力理论（Managerial Power Theory），该理论认为管理者权力会影响管理者的薪酬契约，使其偏离最优契约状态。[1] 国内学者王克敏等，吕长江和赵宇恒、卢锐等，吴育辉和吴世农、权小锋等的研究都提供了管理者权力影响我国上市公司管理者薪酬激励的经验证据[2]。卢锐、方军雄的研究都表明管理者权力能够提高高管与员工之间的薪酬差距[3]，而对于管理者权力如何影响内部薪酬差距与公司价值的关系，现有文献还较少有研究记录。

本章以2006—2010年我国A股上市公司数据为样本，充分考虑内部薪酬差距与公司价值的内生性问题，建立联立方程组，以我国上市公司数据检验高管与普通员工薪酬差距如何影响公司价值，内部薪酬差距是否具有价值激励效应，同时在我国的制度背景下构建较为综合衡量管理者权力的指标，进一步验证管理者权力对内部薪酬差距价值效应的影响。研究结果表明管理者与员工之间的薪酬差距具有正面价值激励效应，但是管理者权力抑制了薪酬差距正面价值激励效应的

---

[1] Bebchuk, L. A., Fried, J. M., "Executive Compensation as an Agency Problem", *Journal of Economics Perspective*, Vol. 17, No. 3 (Summer, 2003).

[2] 王克敏、王志超：《高管控制权、报酬与盈余管理——基于中国上市公司的实证研究》，《管理世界》2007年第7期；吕长江、赵宇恒：《国有企业管理者激励效应研究——基于管理者权力的解释》，《管理世界》2008年第11期；卢锐、魏明海、黎文靖：《管理层权力、在职消费与产权效率——来自中国上市公司的证据》，《南开管理评论》2008年第5期；吴育辉、吴世农：《企业高管自利行为及其影响因素研究——基于我国上市公司股权激励草案的证据》，《管理世界》2010年第5期；权小锋、吴世农、文芳：《管理层权力、私有收益与薪酬操纵》，《经济研究》2010年第11期。

[3] 卢锐：《管理层权力、薪酬差距与绩效》，《南方经济》2007年第7期；方军雄：《高管权力与企业薪酬变动的非对称性》，《经济研究》2011年第4期。

发挥。结合股权性质的进一步检验发现，上市公司的国有性质不仅抑制了内部薪酬差距正面价值激励效应的发挥，还强化了管理者权力对内部薪酬差距正面价值激励效应的抑制作用。通过对管理者权力与内部薪酬差距影响公司价值的机理分析、研究发现，内部薪酬差距能够提高管理者薪酬与公司绩效的敏感性，而管理者权力降低了内部薪酬差距对薪酬—业绩敏感性的提升。相对于已有文献，本章的贡献在于：第一，充分考虑了各变量之间的内生性，建立联立方程，更有效地检验了管理者权力、内部薪酬差距与公司价值的关系，为内部薪酬差距的激励效应提供了新的证据；第二，重构管理者权力综合变量，从内部薪酬差距的角度提供了管理者权力影响薪酬契约有效性的证据；第三，现有文献仅研究了内部薪酬差距的价值效应，而没有对内部薪酬差距影响公司价值的途径进行探索，本章不仅验证了管理者权力、内部薪酬差距与公司价值的关系，还进一步结合薪酬—业绩敏感性分析了管理者权力与内部薪酬差距影响公司价值的内在机理。

本章剩余部分的安排如下：第一节为理论分析与研究假说；第二节为研究设计；第三节为实证结果与分析。

第一节 理论分析与研究假设

近年来，企业内部的薪酬差距问题引起企业、政府及学术界的高度关注。公司员工的努力程度是决定公司绩效的重要因素，公司员工会将自身的工资水平与企业内部不同级别及同级别的员工工资进行对比，以此确定其在工作中所需付出的努力程度，可见薪酬差距通过"薪酬差距→员工努力程度→公司绩效"的传导机制影响着公司价值创造。然而，长期以来对于内部薪酬差距如何影响公司价值存在着两种竞争性观点，即锦标赛理论和行为理论。

依据劳动经济理论，员工的薪酬补偿应与其边际产出价值相匹配,然而现实中,此理论对员工晋升后的薪酬增长现象不能提供合理解释,基于此,拉齐尔和罗森提出锦标赛理论,该理论将公司内部的奖励和晋升比作员工之间的一场竞赛,而将不同层级员工的薪酬差距看作获胜者的奖励,这样,员工为了获得奖励就必须努力工作,从而提高了公司价值。[1] 可见,锦标赛理论认为较大的薪酬差距有利于公司价值的提升。米尔科维奇和纽曼的研究表明,较小的薪酬差距使得高水平和有才能的员工的努力程度得不到相应补偿,对公司价值会产生不利影响。[2] 米尔格罗姆和罗伯特的研究认为,较大的薪酬差距能够吸引有才能的员工,薪酬差距具有正面价值激励效应。[3] 对高业绩者给予更高的薪酬,有利于形成薪酬—业绩关系,对公司业绩的提高有利。同时他们还认为,这种分配方式有利于激励低业绩员工努力工作以获得更多的薪酬。

与锦标赛理论不同,行为理论更加强调员工之间的合作能够创造价值,认为较大的薪酬差距不利于团队之间的合作,不利于公司价值的提升。普费弗(Jeffrey Pfeffer)和戴维斯布莱克(Alison Davis-Blake)对大专院校研究发现,当工资差距过于大时,低工资的管理者离开其工作岗位的可能性更大。[4] 普费弗和兰顿(Nancy Langton)对大学教员的研究进一步发现,在学术研究部门,薪酬差距对教员个人的满意度及研究效率产生负面影响,降低了其在研究中合作的倾向。[5] 普费弗认为,较大的薪酬差距往往与员工的不满情绪和较差的

---

[1] Lazear E. P., Rosen S., "Rank-order Tournaments as Optimum Labor Contracts", *Journal of Political Economy*, Vol. 89, No. 5 (Oct., 1981).

[2] Milkovich G. T., Newman J. M., Compensation, Boston: Richard Irwin, 1996.

[3] Milgrom P. R., Roberts J., "Economics, Organization & Management", *Journal of Finance*, Vol. 48, No. 1 (Jan., 2000).

[4] Pfeffer J., Davis-Blake A., "Salary Dispersion, Location in the Salary Distribution, and Turnover Among College Adminstrators", *Industrial and labor relations review*, Vol. 45, No. 4 (Jul., 1992).

[5] Pfeffer J., Langton N., "The Effect of Wage Dispersion on Satisfaction, Productivity, and Working Collaboratively: Evidence from College and University Faculty", *Administrative Science Quarterly*, Vol. 38, No. 3 (Sep., 1993).

工作质量相关，而较小的薪酬差距可以增进员工的公平感和共同目标感，有利于公司的团队合作和价值的提高。① 考赫德和莱文的研究发现，企业高级管理人员与普通员工的薪酬差距越大，所生产产品的质量就越低。②

我国上市公司内部薪酬差距的价值激励效应如何？林俊清等的研究发现我国高管团队内部薪酬差距与公司未来绩效存在正向关系③。陈震和张鸣发现在高成长性公司中，高管薪酬差距与公司市场业绩之间存在显著正相关关系，而低成长性公司中的高管薪酬差距与每股收益之间存在显著正相关关系。④ 这些研究都支持了锦标赛理论。此外，张正堂等的研究提供了企业内部薪酬差距与公司价值负相关的经验证据⑤，支持行为理论。可见国内学者对薪酬差距的激励效应研究并未取得一致结论，其原因可能在于：第一，学者们所选价值指标的不同也会影响其研究结果的一致性；第二，现实中，公司在制定内部薪酬差距时，必然将绩效作为制定的标准之一，而现有文献在研究薪酬差距的激励效应时，都将其视为外生变量，并未考虑薪酬差距的内生性，这显然会影响结论的可靠性。改革开放以来，我国平均主义的分配模式被打破，经济体制改革本身就是薪酬差距不断扩大的过程，注重效率、多劳多得的分配原则能够影响人们对薪酬差距的认识与感知，以效率为目标的薪酬结构体系在我国已经逐步建立起来，给予付

---

① Pfeffer J., Competitive Advantage through People: Unleashing the Power of the Work Force, Boston: Harvard Business School Press, 1994.
② Cowherd D. M., Levine D. I., "Product Quality and Pay Equity Between Lower-Level Employees and Top Management: An Investigation of Distributive Justice Theory", *Administrative Science Quarterly*, Vol. 37, No. 3 (Sep., 1992).
③ 林俊清、黄祖辉、孙永祥：《高管团队内薪酬差距、公司绩效和治理结构》，《经济研究》2003 年第 4 期。
④ 陈震、张鸣：《高管层内部的级差报酬研究》，《中国会计评论》2006 年第 4 期。
⑤ 张正堂、李欣：《高层管理团队核心成员薪酬差距与企业绩效的关系》，《经济管理》2007 年第 2 期；张正堂：《企业内部薪酬差距对组织未来绩效影响的实证研究》，《会计研究》2008 年第 9 期。

出更多努力的高才能人员更高的薪酬激励，使其个人成本得到适当补偿，才能激励高才能员工付出更多努力，提升公司价值。基于此，我们提出本章第一个假设：

假设4-1：内部薪酬差距越大，公司价值越高，内部薪酬差距具有正向价值激励效应，支持锦标赛理论预期。

作为减轻委托代理问题的天然机制[1]，对管理者的薪酬激励直接影响其行为和决策，设计良好的激励补偿契约应当具有缓解管理者自利行为引发的代理问题的作用。[2] 然而，拜别切克和弗里德研究认为，与最优契约理论的描述不同，实践中，管理者权力的存在使得管理者俘获董事会，对董事会制定的薪酬决策施加影响，这样管理者能够影响甚至决定自身的薪酬决策，管理者权力的存在使得管理层薪酬激励并非完全有效。[3] 然而管理者权力来源于西方发达的资本市场环境，是否适应我国的具体情况呢？我国的上市公司多由国有企业转制而来，在当前转轨经济背景下，虽然国有股东掌握了公司的多数股权和控制权，但国有股东并不是国有企业真正的所有者，而作为国有企业真正所有者的国家又不具备人格化，因此造成事实上的"所有者缺位"，导致严重的"内部人控制"问题，在许多由国有企业控制的公司中，总经理普遍由控制性股东选派，且总经理一般同时兼任董事长，造成公司控制权实质上高度集中在管理者手中，可见伴随着整个企业改革历程，国有企业管理者权力不断增强；而我国的私营企业多数由家族控制，控股股东能够对公司施加重大影响，具有积极参与公

---

[1] Aggarwal R. K., Samwick A. A., "Empire Builders and Shirkers: Investment, Firm Performance, and Managerial Incentives", *Journal of Corporate Finance*, Vol. 12, No. 3 (Jun., 2006).

[2] Jensen M. B., Meckling W. H., "Theory of the Firm: Managerial Behavior, Agency Costs and Ownership Structure", *Journal of Financial Economics*, Vol. 3, No. 4 (Oct., 1976).

[3] Bebchuk L. A., Fried J. M., "Executive Compensation as an Agency Problem", *Journal of Economics Perspective*, Vol. 17, No. 3 (Summer, 2003).

司事务的能力与动机,在选聘经营者的过程中,一般是自己担任或派家族成员及亲信担任总经理,形成实质的内部人控制,容易导致大股东和管理者的合谋而强化管理者权力。而我国的制度环境存在先天性缺陷,法律环境不健全,公司治理相对薄弱,有效的监督约束机制尚未建立,对管理者权力监督与约束的缺乏,使得在我国上市公司中,管理者权力问题可能较为严重。

吕长江和赵宇恒以国有企业为样本研究发现,权力强大的管理者通过自己设计激励组合,同时实现了权力收益和高货币性补偿。[1] 权小锋等的研究表明管理者权力越大,其获得的货币性和在职消费的私有收益就越高,随着管理层权力的增强,会倾向于利用盈余操纵获取绩效薪酬,但利用权力获取的操纵性薪酬没有起到应有的激励效应,降低了公司价值。[2] 吴育辉和吴世农发现在上市公司的股权激励方案中,绩效考核指标的设计体现出了较为明显的管理者自利倾向[3]。可见在我国上市公司中,权力强大的管理者能够操纵自身的薪酬水平,即使管理者没有付出相应的努力,仍然可以取得相对其他员工较高的薪酬,这样管理者权力的存在使得薪酬差距的激励效应降低。其次,从管理者取得收益的形式来看,管理者的收益不仅包括货币薪酬,还有在职消费、过度扩张等带来的隐性收益,随着管理者权力的增大,管理者利用所拥有的权力谋取私人利益的渠道和方式增多,其通过其他途径获取私人收益的能力提高,即管理层可能不必完全依赖激励补偿契约获取报酬,内部薪酬差距对管理者的激励作用也会减弱,这显然会制约薪酬差距激励效应的发挥。基于以上分析,我们提出本章的

---

[1] 吕长江、赵宇恒:《国有企业管理者激励效应研究——基于管理者权力的解释》,《管理世界》2008 年第 11 期。

[2] 权小锋、吴世农、文芳:《管理层权力、私有收益与薪酬操纵》,《经济研究》2010 年第 11 期。

[3] 吴育辉、吴世农:《企业高管自利行为及其影响因素研究——基于我国上市公司股权激励草案的证据》,《管理世界》2010 年第 5 期。

假设2：

假设4-2：管理者权力抑制了内部薪酬差距的正面价值激励效应的发挥，表现为管理者权力越大，内部薪酬差距的激励效应越低。

第二节 研究设计

一 样本选择与数据来源

本章选择中国沪市和深市A股上市公司2006—2010年样本，对样本进行筛选的原则如下：剔除金融业的上市公司；对于相关数据缺失的公司进行剔除；对于本章使用的主要连续变量，对处于0%—1%和99%—100%之间的极端值进行了Winsorize处理，以消除极端值的影响。本章使用的部分管理者权力原始数据从金融界和新浪财经网站公布的上市公司年报中手工收集，其他财务数据均来自CSMAR数据库。使用的统计软件为Stata11.0。

二 模型设计与变量定义

（一）变量定义

1. 管理者权力

虽然关于管理者权力理论的研究源于国外，但西方学者多是从理论方面进行探讨，芬克尔斯坦定义管理者权力为：管理者影响或实现由董事会或薪酬委员会制定的薪酬政策的能力，并根据权力的来源将管理者权力划分为四个维度，包括结构权力、专家权力、声望权力和所有制权力。[1] 奥滕（Roger Otten）等通过CEO和董事长是否两职合

---

[1] Finkelstein S., "Power in Top Management Teams: Dimensions, Measurement, and Validation", *Academy of Management Journal*, Vol. 35, No. 3 (Aug., 1992).

一、非执行董事的数量和比例、董事会是否有高管成员和董事会中职工代表数量来衡量管理者权力[1];法伦布拉什采用CEO任期、两职兼任、董事会规模与独立性、机构投资者持股比例等指标来衡量高管权力[2]。由于管理者权力的隐蔽性,对于管理者权力的计量具有一定的困难,这一方面的实证研究还较为缺乏。因此对于管理者权力的计量指标的选取,学者们尚未取得一致意见,但多选用多个单一指标来衡量,虽然都从多个方面对管理层权力进行计量,但使用单一指标不能总体刻画管理层权力。卢锐采用两职兼任、股权分散、高管长期在位三个单维度变量合成构建综合反映管理者权力的虚拟变量和积分变量[3];权小锋等用管理层结构权力、CEO任期、董事会规模、董事会中内部董事比例、国企金字塔控制链条的深度五个指标采用主成分合成管理层权力综合指标[4];权小锋和吴世农参考芬克尔斯坦的权力模型,将CEO权力具体划分为组织权力、专家权力、所有制权力和声望权力四个维度,从每个维度各选取两个虚拟变量来度量权力的大小,并在这四个维度和八个测度指标的基础上分别采用主成分分析和直接相加求平均值的方法合成两个CEO权力综合指标。[5] 本书在综合已有文献的基础上,借鉴芬克尔斯坦的权力模型和权小锋和吴世农的思路[6],用两职兼任情况和董事会规模代表结构权力,管理者高级职

---

[1] Otten R., Eichholtz P. M. A., Kok N., "Executive Compensation in UK Property Companies", *Journal of Real Estate Finance & Economics*, Vol. 36, No. 4 (May, 2008).

[2] Fahlenbrach R., "Shareholder Rights, Boards, and CEO Compensation", *Review of Finance*, Vol. 13, No. 1 (Jan., 2009).

[3] 卢锐:《管理层权力、薪酬差距与绩效》,《南方经济》2007年第7期。

[4] 权小锋、吴世农、文芳:《管理层权力、私有收益与薪酬操纵》,《经济研究》2010年第11期。

[5] 权小锋、吴世农:《CEO权力强度、信息披露质量与公司业绩的波动性——基于深交所上市公司的实证研究》,《南开管理评论》2010年第4期。

[6] Finkelstein S., "Power in Top Management Teams: Dimensions, Measurement, and Validation", *Academy of Management Journal*, Vol. 35, No. 3 (Aug., 1992);权小锋、吴世农:《CEO权力强度、信息披露质量与公司业绩的波动性——基于深交所上市公司的实证研究》,《南开管理评论》2010年第4期。

称和任职时间代表专家权力,管理者高学历和兼职代表声望权力,管理者持股和公司股权分散作为所有制权力,具体从以下八个方面刻画管理者权力的强弱:

(1)两职兼任情况。董事长和总经理两职合一时,管理层权力过于集中,高管权力也越大。科尔等及格林施泰因和瓦莱斯(Yearim Valles Arellano)的研究发现,在 CEO 与董事长两职合一的情况下,CEO 对董事会的控制权更大,并且能够获得更高的薪酬回报。① 若总经理兼任董事长,取值1;董事长和总经理两职分离时,取值0。

(2)董事会规模。董事会人数越多,越难以形成一致决策,对管理层决策的控制力就减弱。詹森认为,小规模的董事会能够更加有效地发挥监督作用,而大规模的董事会容易被 CEO 所控制。② 耶马克也认为,由于随着董事会规模的增加将会发生程序性损失③,因此,小规模的董事会更加有效。因此,董事会规模越大,越容易被管理层俘获,从而无法对管理者形成有效的监督与约束,管理者实现自身意愿的能力也越强。若董事会规模超过行业中位数,取值为1,否则为0。

(3)管理者是否具有高级职称④。管理者的高级职称表明其专业技能较强。若管理者具有高级职称,取值为1,否则为0。

(4)管理者任职时间。管理者任职时间越长,对公司及行业的

---

① Core J. E., Holthausen R. W., Larcker D. F., "Corporate Governance, Chief Executive Officer Compensation, and Firm Performance", *Journal of Financial Economics*, Vol. 51, No. 3 (Mar., 1999); Grinstein Y., Valles Arellano Y., "Separating the CEO from the Chairman Position: Determinants and Changes after the New Corporate Governance Regulation", Working Paper, 2008.

② Jensen M. C., "The Modern Industrial Revolution, Exit, and the Failure of Internal Control Systems", *Journal of Finance*, Vol. 48, No. 3 (Jul., 1993).

③ Yermack D., "Higher Market Valuation for Firms With a Small Board of Directors", *Journal of Financial Economics*, Vol. 40, No. 2 (Feb., 1996).

④ 高级职称包括高级会计师、高级经济师、注册会计师、注册资产评估师、高级国际商务师、国际商务师、高级工程师、高级建筑师、律师、教授、副教授、研究院、副研究员、中科院以及中国工程院院士。

经营情况越熟悉，越有能力指导本公司的经营，随着任职时间的增长，其对公司的控制权也越强。米勒（Danny Miller）和沙姆希（Jamal Shamsie）研究表明，管理者的任期越长，其对公司的认识也越深刻，较长的任职时间使得管理者的经营不会偏离公司的核心竞争力。[①] 研究发现，随着 CEO 任期的延长，其对董事会及公司内部信息系统的控制能力也逐渐增强[②]，CEO 追逐自身私利的权力也随着得到增强。若管理者任期超过行业中位数时，取值为 1，否则为 0。

（5）管理者是否具有高学历。管理者的高学历能使其得到认可，提高声誉。若管理者具有硕士研究生及以上学历，取值为 1，否则为 0。

（6）管理者是否在外兼职。管理者在外兼职，表明管理者得到行业的认可，拥有更多社会关系资本，具有良好的声誉。若管理者在其他单位任职，取值为 1，否则取值为 0。

（7）管理者是否持有本公司股份。若管理者持有本公司股份，则管理者具有的股东身份会增强其对董事会的影响力。若管理者持有本公司股份，取值为 1，否则取值为 0。

（8）是否为股权分散公司。股权分散企业中，股东对管理层的权力制约较弱，管理层对公司的经营决策的控制权更大。若第一大股东持股比例除以第二至十大股东持股比例之和小于 1，取值为 1，否则取值为 0。

首先对以上八个指标使用主成分分析方法，选择特征根大于 1 的前四个主成分构造管理者权力综合得分，作为本书的第一个管理者权力变量 Power1；其次，对八个指标值求平均值，作为本书第二个管理

[①] Miller D., Shamsie J., "Learning Across the Life Cycle: Experimentation and Performance among the Hollywood Studio Heads", *Strategic Management Journal*, Vol. 22, No. 8（Aug., 2001）.

[②] Fredrickson J. W., Hambrick D. C., Baumrin S., "A Model of CEO Dismissal", *Academy of Management Review*, Vol. 13, No. 2（Apr., 1988）.

者权力变量 Power2。

2. 薪酬差距的衡量

本书的薪酬差距定义为公司内部核心高管与普通员工的薪酬差距，我们借鉴埃里克松[①]及陈震和张鸣[②]对薪酬差距衡量的基本思想，分别用绝对薪酬差距和相对薪酬差距测算高管与普通员工之间的薪酬差距。具体来说，薪酬差距的计算过程如下：

$$\text{绝对薪酬差距 Dispersion1} = \text{Ln}\left(\frac{\text{高管前三名薪酬总额}}{3} - \text{普通员工平均薪酬}\right)$$

$$\text{相对薪酬差距 Dispersion2} = \frac{\text{高管前三名薪酬总额}/3}{\text{普通员工平均薪酬}}$$

其中，普通员工平均薪酬等于普通员工年度总薪酬除以普通员工人数，员工的年度总薪酬可由现金流量表中"支付给职工以及为职工所支付的现金"项目减去公司年报中披露的高管层总薪酬来衡量，普通员工人数为员工总人数减去高管人数的差。

（二）模型构建

1. 内部薪酬差距与公司价值的检验模型

考虑到薪酬差距与公司价值之间的内生性问题，本章通过建立联立方程组（4.1），并用三阶段最小二乘法（3SLS）来检验薪酬差距是否具有价值激励效应。

$$\begin{cases} Dispersion = \alpha_0 + \alpha_1 FV + \alpha_2 Leverage + \alpha_3 Size + \alpha_4 Growth + \\ \qquad \alpha_5 Competitor + \sum Industry + \sum Year + \varepsilon_1 \\ FV = \beta_0 + \beta_1 Dispersion + \beta_2 Leverage + \beta_3 Size + \beta_4 Growth + \\ \qquad \sum Industry + \sum Year + \varepsilon_2 \end{cases} \quad (4.1)$$

第一个方程为薪酬差距方程。被解释变量为薪酬差距 Dispersion，

---

① Eriksson T., "Executive Compensation and Tournament Theory: Empirical Tests on Danish Data", *Journal of Labour Economics*, Vol. 17, No. 2 (Apr., 1999).

② 陈震、张鸣：《高管层内部的级差报酬研究》，《中国会计评论》2006 年第 4 期。

我们分别使用绝对薪酬差距和相对薪酬差距对核心高管与普通员工薪酬差距进行测度，形成两个薪酬差距指标。解释变量公司价值的代理变量，分别用净资产收益率 Roe、总资产收益率 Roa 和主营业务利润率 Opr，同时控制财务杠杆 Leverage、公司规模 Size、成长性 Growth、和竞争者人数 Competitor，此外，为了控制年度和行业因素的影响，方程中加入了年度虚拟变量和行业虚拟变量。

第二个方程为公司价值方程，被解释变量为公司价值的代理变量。解释变量为绝对薪酬差距 Dispersion1 和相对薪酬差距 Dispersion2。此外，在控制年度和行业的基础上，该模型中还加入了其他影响因素，包括财务杠杆 Leverage、公司规模 Size 和公司成长性 Growth。

本联立方程主要用来检验我国上市公司内部管理者与普通员工的薪酬差距是否具有价值激励效应，因此我们主要分析第二个公司价值方程，第一个方程主要为控制薪酬差距与公司价值之间的内生性问题。

2. 管理者权力、内部薪酬差距与公司价值检验模型

为研究管理者权力如何影响薪酬差距激励效应，本章在模型（4.1）的基础上，加入管理者权力方程，同时在薪酬差距方程中加入管理者权力变量，在公司价值方程中加入管理者权力变量及薪酬差距与管理者权力的交乘项 Dispersion × Power，以此构建联立方程组模型（4.2），并用三阶段最小二乘法（3SLS）对模型（4.2）进行估计。模型（4.2）主要是用来检验管理者权力对内部薪酬差距与公司价值之间的关系影响如何，因此我们主要关注第二个公司价值方程，薪酬差距方程和管理者权力方程主要用来控制变量之间的内生性问题。根据假设 4-2，管理者权力降低了薪酬差距的正向激励效应，因此我们预期第二个方程中薪酬差距变量的系数 β_1 的符号为正，薪酬差距与管理者权力的交乘项的系数 β_3 的符号为负。

$$\begin{cases} Dispersion = \alpha_0 + \alpha_1 FV + \alpha_2 Power + \alpha_3 Leverage + \alpha_4 Size + \\ \qquad\qquad \alpha_5 Growth + \alpha_6 Competitor + \sum Industry + \\ \qquad\qquad \sum Year + \varepsilon_1 \\ FV = \beta_0 + \beta_1 Dispersion + \beta_2 Power + \beta_3 Dispersion \times Power + \\ \qquad\qquad \beta_4 Leverage + \beta_5 Size + \beta_6 Growth + \sum Industry + \\ \qquad\qquad \sum Year + \varepsilon_2 \\ Power = \gamma_0 + \gamma_1 FV + \gamma_2 Dispersion + \gamma_3 Leverage + \gamma_4 Size + \\ \qquad\qquad \gamma_5 Growth + \gamma_6 Capex + \gamma_7 Age + \sum Industry + \\ \qquad\qquad \sum Year + \varepsilon_3 \end{cases} \quad (4.2)$$

本章所使用变量的具体定义见表 4-1。

表 4-1　　　　　　　　　　　变量定义

变量名称	符号	变量定义
薪酬差距	$Dispersion1$	绝对薪酬差距
	$Dispersion2$	相对薪酬差距
管理者权力	$Power1$	管理者权力的主成分综合指标,根据特征根大于 1 的原则选择前四个主成分构造管理者权力综合得分
	$Power2$	管理者权力的等权平均值综合指标
公司价值 FV	Roa	总资产收益率等于净利润除以平均资产
	Roe	净资产收益率等于净利润除以平均净资产
	Opr	主营业务利润率等于主营业务利润除以主营业务收入
财务杠杆	$Leverage$	年末总负债/年末总资产
成长机会	$Growth$	主营业务收入增长率
公司规模	$Size$	公司总资产的自然对数
竞争者人数	$Competitor$	为普通员工人数,等于员工总人数减去高管人数的差
资本支出	$Capex$	为构建固定资产、无形资产以及其他长期资产所支付的现金与总资产的比值
上市时间	Age	公司上市年限

续表

变量名称	符号	变量定义
行业控制变量	Industry	行业虚拟变量,按证监会的分类标准共有22个行业,剔除金融业后,共有20个行业哑变量
年度控制变量	Year	年度虚拟变量,本章涉及5年的上市公司数据,共有4个年度哑变量

第三节 实证结果与分析

一 变量描述性统计

表4-2报告了主要变量的描述性统计结果,分别报告了各公司价值变量、薪酬差距变量、管理者权力变量及主要控制变量的均值、标准差、最小值、25%分位数、中位数、75%分位数和最大值。由表中结果可知,内部薪酬差距指标Dispersion1均值为12.2544,最大值与最小值分别是14.3920、9.5197;Dispersion2的均值为7.0238,最大值与最小值分别是37.7252、0.1370。说明不同公司之间高管与员工内部薪酬差距的差异较为明显。主成分合成管理者权力指标Power1的均值为0.0009,最大值与最小值分别为0.7272、-0.5420;等权管理者权力综合指标Power2的均值为0.3933,最大值与最小值分别为0.7500、0.0000。说明公司间管理者权力的强弱差异较为明显。

表4-2 主要变量的描述性统计

变量	均值	标准差	最小值	25%分位数	中位数	75%分位数	最大值
Roe	0.0829	0.1226	-0.7628	0.0385	0.0805	0.1338	0.3819
Roa	0.0455	0.0565	-0.1740	0.0172	0.0408	0.0702	0.2277
Opr	0.0898	0.1613	-0.6456	0.0239	0.0711	0.1497	0.6238
Dispersion1	12.2544	0.9389	9.5197	11.6951	12.3057	12.8743	14.3920
Dispersion2	7.0238	6.3795	0.1370	3.0626	5.1834	8.8065	37.7252
Power1	0.0009	0.3101	-0.5420	-0.1998	0.0009	0.2009	0.7272
Power2	0.3933	0.1781	0.0000	0.2500	0.3750	0.5000	0.7500

续表

变量	均值	标准差	最小值	25%分位数	中位数	75%分位数	最大值
Leverage	0.4810	0.2104	0.0503	0.3321	0.4891	0.6287	1.1412
Size	21.5709	1.2133	19.1027	20.7235	21.4270	22.2554	25.3299
Growth	0.2808	0.5574	-0.3652	0.0176	0.1284	0.3075	3.3098
Competitor	4100	7500	28	717	1700	4000	48000

表 4-3 报告了薪酬差距与公司价值的单变量检验结果。可见不管以绝对薪酬差距 Dispersion1 分组，还是以相对薪酬差距 Dispersion2 分组，薪酬差距大组的各公司价值变量的均值和中位数都在 1% 的水平上显著大于薪酬差距小组。这表明薪酬差距越大，公司价值越高，薪酬差距具有正面价值效应，支持锦标赛理论，初步证明了假设 4-1。

表 4-3　　管理者权力与公司价值的单变量检验结果

变量	薪酬差距小组		薪酬差距大组		T-test T 值	Wilcoxon test Z 值
	均值	中位数	均值	中位数		
根据 Dispersion1 分组						
Roe	0.0599	0.0626	0.1059	0.0987	-16.3922***	-21.559***
Roa	0.0344	0.0321	0.0566	0.0503	-17.4424***	-19.246***
Opr	0.0698	0.0568	0.1101	0.0859	-10.9305***	-13.364***
根据 Dispersion2 分组						
Roe	0.0686	0.0682	0.0972	0.0920	-10.0945***	-13.865***
Roa	0.0381	0.0338	0.0530	0.0476	-11.5431***	-14.090***
Opr	0.0806	0.0613	0.0993	0.0796	-5.0513***	-7.696***

注：将 Dispersion 值小于中位数的样本作为薪酬差距较小组，否则作为薪酬差距较大组；表中各公司价值变量的均值和中位数分别进行了均值 T 检验和中位数 Wilcoxon 秩和检验；***、**、* 分别表示在 1%、5% 和 10% 的水平上显著。

二 内部薪酬差距与公司价值

表 4-4 报告了联立方程组 (4.1) 的回归结果,由于本章的重心在于研究我国上市公司内部管理者与普通员工的薪酬差距对公司价值的影响,因此为节省篇幅,我们只报告联立方程组中公司价值方程的回归结果。从模型①至模型③是绝对薪酬差距 Dispersion1 的检验结果,由结果可见,在不同的公司价值的测量下,三个模型中 Dispersion1 的系数均显著为正,除模型②中 Dispersion1 的系数在 10% 的水平上显著外,其他模型均在 1% 的水平上显著;模型④至模型⑥是相对薪酬差距 Dispersion2 的检验结果,由结果可见,在不同的公司价值的测量下,三个模型中 Dispersion2 的系数均在 1% 的显著性水平上为正。表 4-4 的结果表明了在控制内部薪酬差距与公司价值的内生性后,管理者与普通员工的内部薪酬差距越大,公司价值越高,内部薪酬差距具有正向价值激励效应,支持锦标赛理论预期,假设 4-1 得到验证。

表 4-4   薪酬差距的激励效应检验结果

变量	模型① FV = Roe	模型② FV = Roa	模型③ FV = Opr	模型④ FV = Roe	模型⑤ FV = Roa	模型⑥ FV = Opr
Dispersion1	0.2269 ***	0.0094 *	0.0849 ***			
	(4.05)	(1.73)	(7.00)			
Dispersion2				0.0040 ***	0.0008 ***	0.3105 ***
				(6.79)	(3.09)	(18.53)
Leverage	-0.0370	-0.1101 ***	-0.2953 ***	-0.1020 ***	-0.1115 ***	-0.00910
	(-1.13)	(-25.62)	(-25.94)	(-11.48)	(-31.24)	(-0.55)
Size	-0.0656 ***	0.0050 **	-0.00560	0.0097 ***	0.0071 ***	-0.2344
	(-3.31)	(2.57)	(-1.31)	(5.83)	(10.04)	(-1.49)
Growth	0.000045	0.0001 ***	0.0001 ***	0.0001 ***	0.00004 ***	0.1937
	(0.36)	(3.73)	(3.85)	(4.40)	(3.78)	(0.79)
常数项	-1.1152 ***	-0.1391 ***	-0.6877 ***	-0.1539 ***	-0.0761 ***	1.7793
	(-3.91)	(-5.12)	(-9.88)	(-4.53)	(-5.30)	(0.51)

续表

变量	模型①	模型②	模型③	模型④	模型⑤	模型⑥
	FV = Roe	FV = Roa	FV = Opr	FV = Roe	FV = Roa	FV = Opr
行业	控制	控制	控制	控制	控制	控制
年度	控制	控制	控制	控制	控制	控制
Chi2	535.86	1755.26	2035.73	664.32	1659.53	374.49
Prob > chi2	0.0000	0.0000	0.0000	0.0000	0.0000	0.0000
N	6128	6128	6128	6128	6128	6128

注：***、**、* 分别表示在1％、5％、10％的水平上显著；括号内为相应系数的 Z 值。

三 管理者权力、内部薪酬差距与公司价值

表 4-5 和表 4-6 是联立方程组（4.2）的回归结果，其中表 4-5 是主成分合成管理者权力变量 Power1 的回归结果，表 4-6 是管理者权力的等权平均值指标 Power2 的回归结果，同表 4-4，为节省篇幅，文章中只报告公司价值方程的回归结果。由表 4-5 以主成分合成管理者权力变量 Power1 的检验结果可见，Dispersion1 和 Dispersion2 和系数均在不同显著性水平上为正，而交乘项 Dispersion1 × Power1 与 Dispersion2 × Power1 的系数均显著为负；由表 4-6 以等权平均值指标 Power2 的检验结果可见，Dispersion1 和 Dispersion2 和系数均显著为正，而交乘项 Dispersion1 × Power2 与 Dispersion2 × Power2 的系数均显著为负。综合表 4-5 和表 4-6 的回归结果，表明我国上市公司内部管理者与普通员工的薪酬差距具有正面的价值激励效应，但是管理者权力降低了薪酬差距的正面价值激励效应，假设 4-2 得到验证。

表 4-5 管理者权力（Power1）与薪酬差距激励效应的检验结果

变量	模型①	模型②	模型③	模型④	模型⑤	模型⑥
	FV = Roe	FV = Roa	FV = Opr	FV = Roe	FV = Roa	FV = Opr
Power1	7.0713*	2.4895**	12.4545**	1.0671***	0.6912***	4.184
	(1.88)	(2.32)	(2.46)	(5.97)	(5.11)	(0.77)

续表

变量	模型① FV=Roe	模型② FV=Roa	模型③ FV=Opr	模型④ FV=Roe	模型⑤ FV=Roa	模型⑥ FV=Opr
Dispersion1	0.1541***	0.0229*	0.2390***			
	(3.98)	(1.78)	(4.74)			
Dispersion1 × Power1	-0.5806*	-0.2019**	-1.0203**			
	(-1.90)	(-2.31)	(-2.48)			
Dispersion2				0.0027**	0.0012*	0.2738***
				(2.20)	(1.78)	(6.85)
Dispersion2 × Power1				-0.0771***	-0.0497***	-0.7954*
				(-5.85)	(-5.00)	(-1.95)
Leverage	-0.1060***	-0.1181***	-0.3594***	0.0446***	-0.0636***	-1.4218***
	(-3.83)	(-15.72)	(-7.80)	(2.78)	(-7.11)	(-5.69)
Size	-0.0298**	-0.000700	-0.0506***	0.00440	0.000600	-0.0820
	(-2.26)	(-0.18)	(-3.02)	(1.42)	(0.36)	(-0.88)
Growth	0.0568***	0.0275***	-0.000100	-0.0001*	-0.0001***	-0.0072***
	(5.47)	(9.49)	(-0.88)	(-1.78)	(-3.00)	(-3.48)
常数项	-1.0519***	-0.1685***	-1.4710***	-0.1064*	0.0239	0.3702
	(-5.66)	(-2.69)	(-5.36)	(-1.67)	(0.67)	(0.19)
行业	控制	控制	控制	控制	控制	控制
年度	控制	控制	控制	控制	控制	控制
Chi2	201.99	952.72	230.60	171.89	158.10	256.95
Prob>chi2	0.0000	0.0000	0.0000	0.0000	0.0000	0.0000
N	5917	5917	5917	5917	5917	5917

注：***、**、*分别表示在1%、5%、10%的水平上显著；括号内为相应系数的Z值。

表4-6 管理者权力（Power2）与薪酬差距激励效应的检验结果

变量	模型① FV=Roe	模型② FV=Roa	模型③ FV=Opr	模型④ FV=Roe	模型⑤ FV=Roa	模型⑥ FV=Opr
Power2	4.4249**	2.3406**	6.2364**	1.0556***	0.3660***	1.8770***
	(2.20)	(2.47)	(2.09)	(5.54)	(5.92)	(8.15)
Dispersion1	0.2081***	0.1291***	0.4677***			
	(2.88)	(3.76)	(4.48)			

续表

变量	模型① FV = Roe	模型② FV = Roa	模型③ FV = Opr	模型④ FV = Roe	模型⑤ FV = Roa	模型⑥ FV = Opr
Dispersion1 × Power2	-0.3654**	-0.1963**	-0.5429**			
	(-2.23)	(-2.54)	(-2.24)			
Dispersion2				0.0097**	0.0033**	0.0111*
				(2.12)	(2.48)	(1.86)
Dispersion2 × Power2				-0.0379***	-0.0125***	-0.0615***
				(-3.24)	(-3.55)	(-4.25)
Leverage	-0.0738***	-0.0903***	-0.2131***	-0.0810***	-0.1054***	-0.3211***
	(-6.60)	(-17.75)	(-12.21)	(-6.89)	(-23.92)	(-17.76)
Size	0.00230	-0.0052**	-0.0333***	0.0108***	0.0039***	0.0184***
	(0.48)	(-2.29)	(-5.54)	(4.10)	(4.36)	(5.00)
Growth	0.0546***	0.0234***	0.0008	0.0010	0.0190***	-0.0009
	(12.07)	(10.72)	(0.46)	(0.30)	(9.53)	(-1.12)
常数项	-2.4537***	-1.3339***	-4.5188***	-0.5229***	-0.1367***	-0.8413***
	(-2.97)	(-3.41)	(-3.71)	(-9.05)	(-6.26)	(-10.16)
行业	控制	控制	控制	控制	控制	控制
年度	控制	控制	控制	控制	控制	控制
Chi2	831.91	1320.07	887.43	448.05	1205.38	855.97
Prob > chi2	0.0000	0.0000	0.0000	0.0000	0.0000	0.0000
N	5915	5915	5915	5915	5915	5915

注：***、**、*分别表示在1%、5%、10%的水平上显著；括号内为相应系数的Z值。

四 机理分析：基于薪酬—业绩敏感性的视角

前文的研究表明内部薪酬差距具有正面的价值效应，管理者权力抑制了内部薪酬差距的正面价值效应，而关于薪酬差距影响公司价值，以及管理者权力影响薪酬差距价值效应的机理如何？这个问题还没有明确的答案。

委托代理理论认为使作为受托人的管理者的效用函数与作为委托人的所有者的目标函数尽可能一致，是解决委托代理问题的有效方式，如果管理者薪酬与企业业绩具有一致性，则说明薪酬契约能够起到较好的激励效应。米尔格罗姆和罗伯特的研究认为，对高业绩者给予更高的薪酬，有利于形成薪酬—业绩关系，对公司业绩的提高有利。[①] 如果薪酬差距能够提高薪酬业绩敏感性，说明薪酬差距提高了薪酬契约的有效性，从而能够产生正面价值激励效应；若管理者权力抑制薪酬差距对薪酬—业绩敏感性的提升，表明管理者权力弱化了薪酬差距的激励效应。为此，本部分以薪酬—业绩敏感性作为管理者薪酬激励效应的替代选择，检验管理者权力和内部薪酬差距对薪酬—业绩敏感性的影响。检验模型如下：

$$LnPay = \beta_0 + \beta_1 FV + \beta_2 Dispersion + \beta_3 Power + \beta_4 Dispersion \times FV + \beta_5 Dispersion \times FV \times Power + \beta_6 Size + \beta_7 Leverage + \beta_8 Growth + Industry + \sum Year + \zeta \quad (4.3)$$

模型（4.3）中，LnPay 为高管前三名薪酬的平均值的对数，其他变量的定义见表4-1。我们主要关注 β_4 和 β_5 的符号，预期 β_4 为正，β_5 为负。β_4 为正表明薪酬差距增强了薪酬—业绩敏感性，薪酬契约的有效性增强，薪酬契约的激励效应增强；β_5 为负表明管理者权力降低了薪酬差距对薪酬—业绩敏感性的提升，降低了薪酬差距的激励效应。为了避免可能存在的多重共线问题，我们将交乘项逐步引入回归模型，检验结果如表4-7所示。

表4-7　管理者权力、内部薪酬差距影响公司价值的机理分析

变量	模型①	模型②	Power = Power1		Power = Power2	
			模型③	模型④	模型⑤	模型⑥
Roee	0.8542***	0.3869***	0.5281***	0.4061***	0.5690***	0.4112***
	(3.98)	(4.85)	(3.48)	(5.27)	(3.87)	(5.39)

[①] Milgrom P. R., Roberts J., "Economics, Organization & Management", *Journal of Finance*, Vol. 48, No. 1 (Jan., 2000).

续表

变量	模型①	模型②	Power = Power1		Power = Power2	
			模型③	模型④	模型⑤	模型⑥
Dispersion1	0.5994***		0.6017***		0.6015***	
	(54.44)		(53.91)		(54.32)	
Roe × Dispersion1	0.0830***		0.0568***		0.0678***	
	(4.89)		(4.67)		(5.30)	
Dispersion2		0.0011***		0.0010***		0.0010***
		(5.94)		(6.16)		(6.24)
Roe × Dispersion2		0.1294***		0.1347***		0.1625***
		(8.13)		(9.09)		(10.55)
Power			0.0222**	0.0815***	0.0408***	0.1006***
			(2.56)	(4.80)	(3.66)	(3.92)
Roe × Dispersion1 × Power			−0.0071***		−0.0194***	
			(−2.71)		(−6.61)	
Roe × Dispersion2 × Power				−0.0335***		−0.0683***
				(−6.26)		(−15.22)
Leverage	−0.1093***	−0.3719***	−0.1101***	−0.3835***	−0.1113***	−0.3849***
	(−6.66)	(−13.93)	(−8.18)	(−15.14)	(−8.40)	(−15.23)
Size	0.0755***	0.1647***	0.0772***	0.1703***	0.0773***	0.1713***
	(11.45)	(29.39)	(11.42)	(31.07)	(11.59)	(30.37)
Growth	−0.0152***	−0.00670	−0.0147***	−0.00630	−0.0144***	−0.00500
	(−5.68)	(−0.69)	(−4.89)	(−0.61)	(−4.92)	(−0.51)
常数项	3.5331***	8.6032***	3.4813***	8.5092***	3.4637***	8.4402***
	(15.00)	(51.22)	(15.65)	(59.18)	(16.21)	(63.33)
行业	控制	控制	控制	控制	控制	控制
年度	控制	控制	控制	控制	控制	控制
N	6128	6128	5917	5917	5915	5915
withinr2	0.0843	0.0552	0.0857	0.0671	0.0858	0.0673

注：***、**、* 分别表示在1%、5%、10%的水平上显著；括号内为相应系数的T值。

表4−7中使用Roe作为公司价值替代变量的回归结果。以Roa和Opr为公司价值的替代变量，回归结果与Roe一致，为节约篇幅，

不予汇报。表4-7中，模型①和模型②是检验内部薪酬差距对薪酬业绩敏感性的影响，我们主要关注公司价值 Roe 与内部薪酬差距 Dispersion 的交乘项，模型①中 Roe × Dispersion1 显著为正，模型②中 Roe × Dispersion2 的系数也显著为正，且显著性水平均达到1%，可见内部薪酬差距能够提高薪酬—业绩敏感性。模型③和模型④是用 Power1 作为管理者权力变量来检验管理者权力、内部薪酬差距与薪酬—业绩敏感性的关系，模型③中 Roe × Dispersion1 的系数显著为正，Roe × Dispersion1 × Power 的系数显著为负，且显著性水平均达到1%以上；模型④中 Roe × Dispersion2 的系数在1%的显著性水平上为正，Roe × Dispersion2 × Power 的系数在1%的显著性水平上为负。综合模型③和模型④的结果，说明以 Power1 作为管理者权力替代变量时，内部薪酬差距 Dispersion1 和 Dispersion2 均能够提高薪酬—业绩敏感性，从而提高薪酬契约的有效性，而管理者权力 Power1 抑制了内部薪酬差距对薪酬—业绩敏感性的提升。模型⑤和模型⑥是以 Power2 作为管理者权力代理变量的回归结果，此结果与以 Power1 作为管理者权力代理变量的结果一致。综上，实证结果证实了内部薪酬差距能够提升薪酬—业绩敏感性，而管理者权力抑制了内部薪酬差距对薪酬—业绩敏感性的提升，薪酬—业绩敏感性的提升意味着薪酬契约有效性的提高，作为公司治理机制的重要内容，薪酬契约有效性的提高对股东财富的增加具有正面影响，而薪酬—业绩敏感性的降低则意味着薪酬契约失效，进而对公司价值是负面影响，我们把这一点作为管理者权力与内部薪酬差距影响公司价值的一个机理分析，以此使得我们对管理者权力与内部薪酬差距激励效应的关系的分析更加完整和透彻。

五 稳健性检验

为验证上述研究结果的稳健性，我们分别进行了如下稳健性检验：(1) 将全部样本分别依据 Power1 和 Power2 进行从小到大进行排序，以管理者权力变量的中位数为界，如果大于中位数，则取值为1，否则取值为0，检验结果一致；（2）在公司价值方程中加入业绩的平方项，检验模型的结果未有明显不同；（3）在公司价值的计量中，学者们经常采用市场价值指标托宾Q值，我们将托宾Q值作为公司价值的替代变量，检验结果一致。基于此，我们认为本章的研究检验结果具有稳健性。

企业内部薪酬差距的设定是薪酬激励契约的重要问题，究竟较大的薪酬差距有利于公司价值的提升，还是较为平均的薪酬差距更适合我国上市公司的现状？虽然现有学者对此问题进行了一些探索，但是未取得一致结论。此外我国上市公司控制权配置中管理者权力问题也逐渐引起学者们的重视，基于此，本章考虑到内部薪酬差距与公司价值之间的内生性关系，建立联立方程组对内部薪酬差距与公司价值的关系进行检验，此外，根据我国上市公司的具体情况及我国的制度背景，重新构建了管理者权力的综合指标，进一步分析管理者权力对内部薪酬差距与公司价值关系的影响。研究发现：我国上市公司中管理者与员工的薪酬差距具有正面的价值激励效应，支持锦标赛理论，但是管理者权力对内部薪酬差距的价值激励效应具有抑制作用。本章对上述研究结论产生的内在机理进行进一步验证，研究发现，管理者权力与内部薪酬差距影响公司价值的原因可能在于：内部薪酬差距提高了高管薪酬与公司绩效的相关关系，而管理者权力抑制了内部薪酬差距对薪酬—业绩敏感性的提升。我们的研究结果对于薪酬差距激励效应的研究提供了新的证据，对上市公司如何制定有利于公司价值提升的薪酬契约具有指导意义。

本章研究的政策启示是：我国上市公司内部管理者与普通员工的薪酬差距与公司价值正相关，具有正面价值激励效应，符合锦标赛理论的预期，给予管理者高于普通员工的薪酬水平有利于公司价值的提升，但是公司内部薪酬差距的价值激励效应需要合理的控制权配置及公司治理机制作为其实现的保障，我国目前上市公司治理机制的不完善造成管理者权力的膨胀，损害了管理者薪酬激励契约的有效性，因此应当进一步完善公司治理机制，建立对管理者权力的监督与约束机制，以减少管理者利用其权力的寻租行为。

第五章　管理者权力、外部薪酬差距与公司价值

现代企业所有权与经营权分离产生股东与管理者之间的委托代理问题，作为解决代理问题的重要公司治理机制，薪酬契约的有效性决定着管理者薪酬设计是否具有相应的激励效应，进而影响管理者的努力程度与公司价值。现有文献分别从薪酬与公司绩效的关系、薪酬差距的激励效应方面研究管理者的薪酬激励效应。对于薪酬与公司绩效的关系研究，主要检验管理层薪酬与经营绩效的相关性，将具有薪酬—业绩敏感性的薪酬激励契约视为有效的薪酬契约。魏刚、李增泉的研究发现，我国管理者报酬与公司绩效之间不具有显著正相关关系[①]，高管人员的薪酬契约没有起到显著的激励效果。张俊瑞等考虑模型稳健性因素，验证管理人员的薪酬与经营绩效之间的关系，结果表明我国上市公司管理人员的"薪酬—绩效契约"关系已基本形成。[②] 辛清泉和谭伟强分年度检验国有企业经理薪酬与业绩的关系发现，随着时间推移和市场化程度的提高，我国国有企业中管理者薪酬

---

① 魏刚：《高级管理层激励与上市公司经营业绩》，《经济研究》2000年第3期；李增泉：《激励机制与企业绩效——一项基于上市公司的实证研究》，《会计研究》2000年第1期。

② 张俊瑞、赵进文、张建：《高级管理层激励与上市公司经营绩效相关性的实证分析》，《会计研究》2003年第9期。

与公司业绩的敏感性逐渐增强。① 然而,直接检验管理者薪酬与业绩的研究思路是将业绩作为管理者的产出,管理者薪酬作为对管理者努力工作的回报,只考虑了管理者对自身的努力与薪酬回报的比较,亚当斯(Adams)提出的公平理论认为,当一个人做出成绩并取得报酬以后,他不仅关心自己所得报酬的绝对量,而且关心所得报酬的相对量,他要进行种种比较来确定其所获报酬是否合理,依据比较的结果调整自己的管理行为,进而影响公司的绩效。② 因此,管理者除了考虑自身的付出与回报是否合理外,还会通过同一公司内部相同或不同层级的员工薪酬进行比较,以及不同公司中与自身职位相似的员工报酬进行比较,从而据以调整自己的行为。关于内部薪酬差距的研究,国外学者形成了两大竞争性理论:锦标赛理论和行为理论,我国学者对公司内部薪酬差距的研究也分别为锦标赛理论③和行为理论④提供了证据。2005 年,证监会颁布的《企业财务报告披露准则》强制要求我国上市公司披露每一位现任董事、监事和高级管理人员的薪酬,薪酬公开使管理层薪酬外部差距及其对公司业绩的影响成为一个重要的研究问题而开始得到学者的关注,但相关文献还较少。吴联生等结合股权性质分析了薪酬外部公平性对公司绩效的影响⑤。江伟的研究表明,我国上市公司在制定管理者薪酬契约时采用了行业薪酬基准,

---

① 辛清泉、谭伟强:《市场化改革、企业业绩与国有企业经理薪酬》,《经济研究》2009 年第 11 期。
② Adams, "Towards an Understanding of Inequity", *Journal of Abnormal and Social Psychology*, Vol. 67, No. 5 (Dec., 1963).
③ 林俊清、黄祖辉、孙永祥:《高管团队内薪酬差距、公司绩效和治理结构》,《经济研究》2003 年第 4 期;陈震、张鸣:《高管层内部的级差报酬研究》,《中国会计评论》2006 年第 4 期。
④ 张正堂、李欣:《高层管理团队核心成员薪酬差距与企业绩效的关系》,《经济管理》2007 年第 2 期。
⑤ 吴联生、林景艺、王亚平:《薪酬外部公平性、股权性质与公司业绩》,《管理世界》2010 年第 3 期。

并因此导致了管理者薪酬的逐渐增长。① 李维安等认为在全球公司治理趋同的浪潮下，国际同行的薪酬基准对中国公司的薪酬决策具有参照点效应②。

自拜别切克和弗里德③提出薪酬激励的管理者权力理论以来，管理者权力对薪酬激励有效性的影响得到学者的广泛关注，管理者权力的存在使得作为解决代理问题的管理层激励契约有可能转化为代理问题的一部分。管理者的权力越大，能够获得更高的货币薪酬④及在职消费⑤；拥有较高权力的管理者获得更多的薪酬，拉大了企业内部管理者与普通员工之间的薪酬差距⑥；由于管理者权力的存在，使管理者薪酬在业绩上升时的增加幅度大于业绩下降时的减少幅度⑦。可见，管理者权力是影响我国上市公司薪酬激励有效性的重要因素，但现有文献还未考虑管理者权力对外部薪酬差距激励效应的影响。薪酬激励影响公司价值的路径是"管理者激励→管理者行为→公司价值"，现

---

① 江伟：《行业薪酬基准与管理者薪酬增长——基于中国上市公司的实证分析》，《金融研究》2010 年第 4 期。
② 李维安、刘绪光、陈靖涵：《经理才能、公司治理与契约参照点——中国上市公司高管薪酬决定因素的理论与实证分析》，《南开管理评论》2010 年第 2 期。
③ Bebchuk L. A., Fried J. M., "Executive Compensation as an Agency Problem", *Journal of Economics Perspective*, Vol. 17, No. 3 (Summer, 2003).
④ 吕长江、赵宇恒：《国有企业管理者激励效应研究——基于管理者权力的解释》，《管理世界》2008 年第 11 期；权小锋、吴世农、文芳：《管理层权力、私有收益与薪酬操纵》，《经济研究》2010 年第 11 期；代彬、刘星、郝颖：《高管权力、薪酬契约与国企改革——来自国有上市公司的实证研究》，《当代经济科学》2011 年第 4 期。
⑤ 卢锐：《管理层权力、薪酬与业绩敏感性分析——来自中国上市公司的经验证据》，《当代财经》2008 年第 7 期；权小锋、吴世农、文芳：《管理层权力、私有收益与薪酬操纵》，《经济研究》2010 年第 11 期。
⑥ 卢锐：《管理层权力、薪酬差距与绩效》，《南方经济》2007 年第 7 期；代彬、刘星、郝颖：《高管权力、薪酬契约与国企改革——来自国有上市公司的实证研究》，《当代经济科学》2011 年第 4 期；方军雄：《高管权力与企业薪酬变动的非对称性》，《经济研究》2011 年第 4 期。
⑦ 高文亮、罗宏、程培先：《管理层权力与高管薪酬粘性》，《经济经纬》2011 年第 6 期；刘星、代彬、郝颖：《高管权力与公司治理效率——基于国有上市公司高管变更的视角》，《管理工程学报》2012 年第 1 期。

有薪酬差距激励方面的研究也没有检验管理者行为在薪酬差距影响公司价值中所起的中介作用。

本章以我国2006—2010年A股上市公司数据为样本，研究外部薪酬差距对公司价值的影响，检验外部薪酬差距的价值激励效应，同时构建管理者权力综合指标，检验管理者权力对外部薪酬差距价值效应的作用。研究发现：外部薪酬差距与公司价值正相关，具有正面价值激励效应，管理者权力抑制了外部薪酬差距正面价值激励效应的发挥。拓展性检验发现，管理者权力与外部薪酬差距影响公司价值的内在机理可能在于：外部薪酬差距能够抑制管理者对具有负面价值效应的在职消费的追求，而管理者权力弱化了外部薪酬差距对在职消费的抑制作用。与现有文献相比，本章内容的贡献主要在于：第一，从外部薪酬差距的角度来检验我国上市公司管理者薪酬契约的有效性，为高管薪酬有效性的研究提供了新的视角，为我国薪酬改革的效果提供了经验证据；第二，本章不仅验证了管理者权力、外部薪酬差距与公司价值之间的关系，还从在职消费的角度对管理层行为在外部薪酬差距影响公司价值中所起的中介作用进行了检验，提高了本部分研究结论的可靠性。

本章其他部分的结构安排如下：第一节为理论分析与研究假设；第二节为研究设计；第三节为实证结果与分析。

第一节　理论分析与研究假设

管理者的管理才能是一种稀缺资本，为了留住管理者并利用其管理才能，公司必须为管理者提供至少与其管理才能相对等的保留工资，否则，管理者可能会选择其他公司。然而现实中很难对管理者的努力程度作出客观评价，更多的情况是管理者通过与同行业其他管理者相比来确定自己是否被公平对待，且与社会比较理论中的上行比较趋势相对应，人们往往更愿意将自己与表现较为优秀的人进行比较，这也与社会身份认同理论的组织成员的自尊和身份认同部分一致。比齐亚克（John M. Bizjak）等的研究发现，使用具有竞争性的同行业薪酬水平作为比较基准来确定总经理薪酬是一种广泛存在的现象，并且这种现象显著影响着总经理薪酬水平，使用具有竞争性的薪酬基准能够吸引、保留和激励员工[1]，因此，比较基准的使用可以作为决定管理者保留工资的一种有效方式[2]。富肯德（Michael W. Faulkender）等的研究也发现公司在高管薪酬水平制定过程中会参照对等公司的高管薪酬水平[3]。詹森等对美国公司的薪酬制定过程研究发现，薪酬委员会常常参照外部市场标准来制定本公司的高管薪酬水平和结构[4]。由于低于同行业薪酬标准的薪酬水平既缺乏在经理人市场上的竞争力，又不能有效激励高级管理人员努力工作，因此，薪酬委员会在制定薪酬水平时，一般将本公司的薪酬水平设定在市场标准之上。江伟的研究表明，我国上市公司在制定薪酬契约时，往往把高管的薪酬水平定在等于或者高于同行业管理者薪酬的均值或中值的水平以上，即采用了行业薪酬基准。[5] 可见，从公司为管理者提供有效激励的角度来说，为了留住有才能的管理者，必须为其提供至少不低于同行业水准的薪酬，高于薪酬基准的薪酬契约的激励效应更强。

---

[1] Bizjak J., Lemmon M., Naveen L., "Does the use of Peer Groups Contribute to Higher Pay and Less Efficient Compensation?", *Journal of Financial Economics*, Vol. 90, No. 2 (Nov., 2008).

[2] Holmstrom B., Kaplan S. N., "The State of US Corporate Governance: What's Right and What's Wrong?", *Journal of Applied Corporate Finance*, Vol. 15, No. 3 (Mar., 2003).

[3] Faulkender M., Yang J., "Insider the Black Box: the Role and Composition of Compensation Peer Groups", *Journal of Financial Economics*, Vol. 96, No. 2 (May., 2010).

[4] Jensen M. C., Murphy K. J., Wruck E. G., "Remuneration: Where We've been, How We Got to Here, What are the Problems, and How to Fix Them", *Social Electronic Publishing*, No. 2 (Jul., 2004).

[5] 江伟：《行业薪酬基准与管理者薪酬增长——基于中国上市公司的实证分析》，《金融研究》2010年第4期；《市场化程度、行业竞争与管理者薪酬增长》，《南开管理评论》，2011年第5期。

第五章 管理者权力、外部薪酬差距与公司价值

亚当斯提出的公平理论认为，人们对公平感的判断不仅通过计算自己的收入与支出比，还会将自己的收入与支出同参照对象相比较，以此来判断分配结果的公平性。① 金姆（Tae-Yeol Kim）和莱昂的研究发现，相对其他国家，中国人更加重视分配的公平程度②，且在其认为分配公平的情况下工作的满意度较高③。公司的管理者作为自利的经济人，除了将自身薪酬与公司内部同级别及不同级别的员工薪酬进行比较外，还会与同行业其他公司的管理者薪酬进行比较，当管理者发现自身薪酬水平高于同行业其他管理者时，管理者会认为其获得的较高的薪酬是由于自身管理才能更高所致，进而提高自我评价，能够激励管理者更加努力工作以保持这种优势，薪酬的激励机制发挥作用，公司业绩也随之得到提升。当管理者与同行业中其他公司的管理者薪酬相比时，发现自己的薪酬较低的管理者不会认为是自身才能和努力不够，而是认为自己受到不公平待遇而产生不公平感，如果通过对比之后，认为分配结果不公平时，就会采取行动（如消极怠工）以改变不公平状况。④ 可见，员工普遍具有的公平偏好可能会改变激励效率进而影响其产出，格林伯格（Jerald Greenberg）的研究发现，认为自己在绩效工资方面受到不公平待遇的员工，其业绩下降幅度更为明显。⑤ 迪尔（Robert Dur）和格莱泽（Amihai Glazer）研究发现，由

---

① Adams, "Towards an Understanding of Inequity", *Journal of Abnormal and Social Psychology*, Vol. 67, No. 5 (Dec., 1963).

② Kim T., Leung K., "Forming and Reacting to Overall Fairness: A Cross-culture Comparison", *Organizational Behavior and Human Decision Processes*, Vol. 104, No. 1 (Sep., 2007).

③ Pillai R., Williams E. S., Tan J. J., "Are the Scales Tipped in Favor of Procedural or Distributive Justice? An Investigation of the U. S., India, Germany, and Hong Kong (China)", *International Journal of Conflict Management*, Vol. 12, No. 4 (Oct., 2001).

④ Adams, "Towards an Understanding of Inequity", *Journal of Abnormal and Social Psychology*, Vol. 67, No. 5 (Dec., 1963).

⑤ Greenberg J., "Creating Unfairness by Mandationg Fair Procedures: The Hidden Hazards of a Pay-for-performance Plan", *Human Resource Management Review*, Vol. 13, No. 1 (Mar., 2003).

于不平等而引发的员工嫉妒心理会提高薪酬契约的激励强度,降低员工的努力水平,进而降低企业雇主的期望收益值。① 刘斌等发现,增加总经理薪酬能够促进股东财富的增长,而降低总经理薪酬对股东财富有负面影响,说明我国总经理薪酬具有"工资刚性"特征。② 吴联生等结合股权性质,根据高管额外薪酬大于零与小于零分别定义为正向额外薪酬和负向额外薪酬,研究外部薪酬公平性对公司业绩的影响发现,正向额外薪酬与非国有企业绩效显著正相关,具有激励作用。③ 可见从管理者个人公平感的角度来说,为了提高公司价值,只能对管理者提供更高的薪酬补偿。本章将公司管理者薪酬与同行业薪酬的差值来衡量外部薪酬差距,提出假设5-1:

假设5-1:外部薪酬差距与公司价值存在正相关关系,外部薪酬差距越大,公司价值越高,即外部薪酬差距具有正面价值激励效应。

拜伯切克和弗里德提出的管理者权力理论认为,由于管理者权力的存在,管理者能够对董事会做出的薪酬契约施加影响,这使得本该是缓解股东与管理者代理冲突的薪酬契约反而成为代理问题的一种表现。④ 西尔特等发现两职兼任的 CEO 薪酬水平比其他 CEO 薪酬一般高20%—40%⑤。富肯德等的研究发现在选择管理者薪酬参照公司以确定本公司总经理薪酬时,一般会选择 CEO 薪酬较高的公司作为参

---

① Dur R., Glazer A., "Optimal Contracts when a Worker Envies His Boss", *Journal of Law Economics and Organization*, Vol. 24, No. 1 (May., 2008).

② 刘斌、刘星、李世新、何顺文:《CEO 薪酬与企业业绩互动效应的实证检验》,《会计研究》2003 年第 3 期。

③ 吴联生、林景艺、王亚平:《薪酬外部公平性、股权性质与公司业绩》,《管理世界》2010 年第 3 期。

④ Bebchuk L. A., Fried J. M., "Executive Compensation as an Agency Problem", *Journal of Economics Perspective*, Vol. 17, No. 3 (Summer, 2003).

⑤ Cyert R. M., Kang S. H., Kumar P., "Corporate Governance, Takeovers, and Top-Management Compensation: Theory and Evidence", *Management Science*, Vol. 48, No. 4 (Apr., 2002).

照对象，并且这种现象在 CEO 同时担任董事长的公司中更为严重。①在我国上市公司中，内部人控制较为严重，制度环境又存在先天缺陷，法律环境不健全，公司治理相对薄弱，对管理者权力监督与约束的缺乏，使管理者权力可能凌驾于公司治理机制之上。吕长江和赵宇恒以国有企业为样本研究发现，权力强大的管理者通过自己设计激励组合，同时实现了权力收益和高货币性补偿。②权小锋等的研究表明管理者权力越大，其获得的货币性和在职消费的私有收益就越高，随着管理层权力的增强，会倾向于利用盈余操纵获取绩效薪酬，但利用权力获取的操纵性薪酬没有起到应有的激励效应，降低了公司业绩。③同时，我国上市公司高管的薪酬存在黏性特征，即业绩上升时薪酬的增加幅度显著高于业绩下降时薪酬的减少幅度④，而在管理者权力较大的公司中，管理者的薪酬黏性更高⑤。因此，在管理者权力的影响下，权力强大的管理者的薪酬水平与同行业其他管理者的薪酬水平相比会更高，但是这种外部薪酬差距的形成脱离了薪酬业绩挂钩的激励原则。在管理者权力影响甚至决定高管薪酬的环境下，即使管理者获得了比同行业管理者更高的薪酬水平，但这种高薪酬水平并不必然意味着公司价值的提升。当管理者薪酬水平低于同行业其他管理者薪酬标准时，认为自身被不公平对待的管理者必然会利用其权力采取相应行动以获取管理者私人收益，如通过过度投资和无效的多元化扩张⑥、

---

① Faulkender M., Yang J., "Insider the Black Box: the Role and Composition of Compensation Peer Groups", *Journal of Financial Economics*, Vol. 96, No. 2（May, 2010）.
② 吕长江、赵宇恒：《国有企业管理者激励效应研究——基于管理者权力的解释》，《管理世界》2008 年第 11 期。
③ 权小锋、吴世农、文芳：《管理层权力、私有收益与薪酬操纵》，《经济研究》2010 年第 11 期。
④ 方军雄：《我国上市公司高管的薪酬存在粘性吗?》，《经济研究》2009 年第 3 期。
⑤ 高文亮、罗宏、程培先：《管理层权力与高管薪酬粘性》，《经济经纬》2011 年第 6 期。
⑥ 代彬、彭程：《高管控制权、资本扩张与企业财务风险——来自国有上市公司的经验证据》，《经济与管理研究》2012 年第 5 期。

过度职务消费[1]，以及操纵薪酬契约以获得高额货币薪酬[2]，而这些高额货币薪酬的获得行为与公司价值的提升相悖。基于以上分析，提出假设5-2：

假设5-2：管理者权力降低了外部薪酬差距的正面价值激励效应。

第二节　研究设计

本章的样本选择与数据来源、数据收集方法、所使用的统计软件与第四章相同。模型设计与变量定义如下。

（一）外部薪酬差距变量定义

参考比齐亚克（John M. Bizjak）等[3]的研究，以同行业管理者的薪酬水平为基准，按照如下方式构建管理者外部薪酬差距变量：

$$Dispersion1 = \frac{高管前三薪酬总额 - 同行业高管前三薪酬总额的平均值}{同行业高管前三薪酬总额的平均值}$$

$$Dispersion2 = \frac{高管前三薪酬总额 - 同行业高管前三薪酬总额的中值}{同行业高管前三薪酬总额的中值}$$

（二）模型构建

本章构建如下模型检验管理者权力、外部薪酬差距与公司业绩的关系。

$$FV = \alpha_0 + \alpha_1 Dispersion + \alpha_2 Size + \alpha_3 Leverage + \alpha_4 Growth + \sum Industry + \sum Year + \varepsilon \quad (5.1)$$

---

[1] 卢锐、魏明海、黎文靖：《管理层权力、在职消费与产权效率——来自中国上市公司的证据》，《南开管理评论》2008年第5期。

[2] 权小锋、吴世农、文芳：《管理层权力、私有收益与薪酬操纵》，《经济研究》2010年第11期。

[3] Bizjak J., Lemmon M., Naveen L., "Does the use of Peer Groups Contribute to Higher Pay and Less Efficient Compensation?", Journal of Financial Economics, Vol. 90, No. 2（Nov., 2008）.

$$FV = \alpha_0 + \alpha_1 Dispersion + \alpha_2 Power + \alpha_3 Dispersion \times$$
$$Power + \alpha_4 Size + \alpha_5 Leverage + \alpha_6 Growth + \quad (5.2)$$
$$\sum Industry + \sum Year + \varepsilon$$

模型（5.1）中，FV 为公司价值的变化量，分别用总资产收益率、净资产收益率和主营业务利润率的变化表示，即 FV = ΔRoa = $Roa_t - Roa_{t-1}$ 或 FV = ΔRoe = $Roe_t - Roe_{t-1}$ 或 FV = ΔOpr = $Opr_t - Opr_{t-1}$；Dispersion 表示外部薪酬差距，分别用基于行业平均值的外部薪酬差距变量 Dispersion3 和基于行业中值的外部薪酬差距 Dispersion4 表示，根据假设 5-1，预期外部薪酬差距与公司价值存在正相关关系，因此预期 α_1 显著为正。为了检验假设 5-2 管理者权力对外部薪酬差距激励效应的影响，在模型（5.1）的基础上引入管理者权力变量 Power 以及高管外部薪酬差距 Dispersion 与 Power 的交乘项 Dispersion×Power，以此构建模型（5.2），根据假设 5-2，管理者权力对外部薪酬差距的激励效应具有抑制作用，如果模型（5.2）中 α_1 显著为正，而 α_3 显著为负，则符合我们的预期。

模型中各主要变量的具体说明见表 5-1。

表 5-1 **变量设置与说明**

变量名称	符号	变量定义
外部薪酬差距	Dispersion3	基于行业平均数的外部薪酬差距
	Dispersion4	基于行业中值的外部薪酬差距
管理者权力	Power1	管理者权力的主成分综合指标，选择特征根大于 1 的前四个主成分构造管理者权力综合得分
	Power2	管理者权力的等权平均值综合指标
公司价值	Roa	总资产收益率等于净利润除以平均资产
	Roe	净资产收益率等于净利润除以平均净资产
	Opr	主营业务利润率等于主营业务利润除以主营业务收入

续表

变量名称	符号	变量定义
财务杠杆	Leverage	年末总负债/年末总资产
成长机会	Growth	主营业务收入增长率
公司规模	Size	公司总资产的自然对数
国有股权性质	State	股权性质虚拟变量，上市公司为国有时取为1，否则为0
行业控制变量	Industry	行业虚拟变量，按证监会的分类标准共有22个行业，剔除金融业后，共有20个行业哑变量
年度控制变量	Year	年度虚拟变量，本章涉及5年的上市公司数据，共有4个年度哑变量

第三节 实证结果与分析

一 变量描述性统计

表5-2报告了主要变量的描述性统计结果，分别报告了各公司价值变量、外部薪酬差距变量、管理者权力变量及主要控制变量的均值、标准差、最小值、25%分位数、中位数、75%分位数和最大值。由表5-2结果可知：外部薪酬差距指标Dispersion3均值为0.0903，最小值与最大值分别是-0.8953和4.2933；Dispersion4的均值为0.4886，最小值与最大值分别是-0.8548和6.2380。说明外部薪酬差距在公司间的差异较大。管理层权力指标Power1的均值为0.0009，最小值与最大值分别是-0.542和0.7272，Power2的均值为0.3933，最小值与最大值分别是0与0.75。说明各公司管理层权力也存在显著差异。

表5-2 主要变量的描述性统计

变量	均值	标准差	25%分位数	中位数	75%分位数	最小值	最大值
Roa	0.0455	0.0565	0.0172	0.0408	0.0702	-0.174	0.2277
Roe	0.0829	0.1226	0.0385	0.0805	0.1338	-0.7628	0.3819

续表

变量	均值	标准差	25%分位数	中位数	75%分位数	最小值	最大值
Opr	0.0898	0.1613	0.0239	0.0711	0.1497	-0.6456	0.6238
Dispersion3	0.0903	0.8975	-0.4987	-0.1663	0.3702	-0.8953	4.2933
Dispersion4	0.4886	1.2392	-0.3109	0.1266	0.8446	-0.8548	6.2380
Power1	0.0009	0.3101	-0.1998	0.0009	0.2009	-0.542	0.7272
Power2	0.3933	0.1781	0.2500	0.3750	0.5000	0.0000	0.7500
Leverage	0.4810	0.2104	0.3321	0.4891	0.6287	0.0503	1.1412
Size	21.5709	1.2133	20.7235	21.427	22.2554	19.1027	25.3299
Growth	0.2808	0.5574	0.0176	0.1284	0.3075	-0.3652	3.3098

表5-3报告了外部薪酬差距与公司价值的单变量检验结果。由表5-3可见，不管以均值薪酬差距 Dispersion3 分组，还是以中值薪酬差距 Dispersion4 分组，外部薪酬差距较大组的各公司价值变量的均值和中位数都在1%的水平上显著大于薪酬差距小组。表明外部薪酬差距越大，公司价值越高，外部薪酬差距具有正面价值激励效应，初步证明了假设5-1。

表5-3　　管理者权力与公司价值的单变量检验结果

变量	根据外部薪酬差距 Dispersion3 分组					
	外部薪酬差距小组		外部薪酬差距大组		T-test T值	Wilcoxon test Z值
	均值	中位数	均值	中位数		
Roa	0.0343	0.0320	0.0567	0.0497	-17.4657***	-19.047***
Roe	0.0583	0.0626	0.1072	0.0980	-17.4919***	-21.731***
Opr	0.0677	0.0571	0.1120	0.0833	-11.9976***	-12.997***
根据外部薪酬差距 Dispersion4 分组						
变量	外部薪酬差距小组		外部薪酬差距大组		T-test T值	Wilcoxon test Z值
	均值	中位数	均值	中位数		
Roa	0.0342	0.0320	0.0568	0.0496	-17.5556***	-19.277***

续表

根据外部薪酬差距 Dispersion4 分组

变量	外部薪酬差距小组		外部薪酬差距大组		T-test T 值	Wilcoxon test Z 值
	均值	中位数	均值	中位数		
Roe	0.0581	0.0625	0.1073	0.0981	−17.5952***	−21.819***
Opr	0.0581	0.0570	0.1120	0.0833	−12.0178***	−13.046***

注：将 Dispersion 值小于中位数的样本作为薪酬差距较小组，否则作为薪酬差距较大组；表中各公司价值变量的均值和中位数分别进行了均值的 T 检验和中位数 Wilcoxon 秩和检验；***、**、* 分别表示在1%、5%和10%的水平上显著。

二 外部薪酬差距与公司价值

表5-4报告了模型（5.1）验证外部薪酬差距与公司价值的回归结果，从模型①至模型⑥可见，除了以净资产收益率 ΔRoe 作为被解释变量的模型②中，外部薪酬差距变量 Dispersion3 的系数不显著为正外，其他模型中，外部薪酬差距与公司价值均在不同的显著性水平上为正。说明外部薪酬差距越大，公司价值越高，外部薪酬差距具有正面价值激励效应，假设5-1得到验证。

表5-4　　　　外部薪酬差距与公司价值的回归结果

变量	模型① FV = ΔRoa	模型② FV = ΔRoe	模型③ FV = ΔOpr	模型④ FV = ΔRoa	模型⑤ FV = ΔRoe	模型⑥ FV = ΔOpr
Dispersion3	0.0208** (2.53)	0.00430 (1.61)	0.0039*** (2.94)			
Dispersion4				0.0059* (1.66)	0.0035* (1.78)	0.0029** (2.47)
Size	−0.1674*** (−3.22)	−0.0238** (−2.54)	−0.00870 (−0.40)	−0.0441** (−2.47)	−0.0240** (−2.56)	−0.00880 (−0.40)
Leverage	0.1718*** (2.62)	−0.0166 (−0.25)	−0.0009*** (−3.17)	0.0888 (1.36)	−0.0162 (−0.25)	−0.0010*** (−3.18)

续表

变量	模型① FV = ΔRoa	模型② FV = ΔRoe	模型③ FV = ΔOpr	模型④ FV = ΔRoa	模型⑤ FV = ΔRoe	模型⑥ FV = ΔOpr
Growth	0.0087 *	0.0474 ***	0.0590 ***	0.0030 *	0.0474 ***	0.0590 ***
	(1.73)	(7.96)	(5.87)	(1.70)	(7.97)	(5.88)
常数项	2.6143 ***	0.7372 ***	0.251	0.7732 **	0.7405 ***	0.2509
	(3.47)	(6.35)	(0.61)	(2.55)	(6.39)	(0.61)
行业	控制	控制	控制	控制	控制	控制
年度	控制	控制	控制	控制	控制	控制
N	6163	6163	6163	6163	6163	6163
withinr2	0.0749	0.0739	0.0811	0.0629	0.0740	0.0811

注：***、**、* 分别表示在1%、5%、10%的水平上显著（双尾）；括号内为相应系数的T值。

三 管理者权力、外部薪酬差距与公司价值

表5-5是模型（5.2）检验管理者权力影响外部薪酬差距激励效应的回归结果，其中管理者权力用主成分合成变量Power1表示。由表5-5的结果可见，外部薪酬差距在所有模型中与公司价值正相关，且在模型①和模型②中Dispersion3的系数在5%以上的水平显著，模型⑤中Dispersion4的系数在1%的水平显著。外部薪酬差距与Power1的交乘项在所有模型中为负，且在模型①、②和④中均具有显著性。表5-6是管理者权力用等权平均值指标Power2表示的回归结果。由表5-6可见，外部薪酬差距变量Dispersion3和Dispersion4均在不同的显著性水平上为正，而外部薪酬差距变量与管理者权力变量Power2的交乘项均显著为负。综合表5-5和表5-6的回归结果说明，我国上市公司外部薪酬差距具有正面的激励效应，但是管理者权力抑制了外部薪酬差距的正面激励效应，假设5-2得到验证。

表 5-5 管理者权力（Power1）、外部薪酬差距与公司价值的回归结果

变量	模型① FV = ΔRoa	模型② FV = ΔRoe	模型③ FV = ΔOpr	模型④ FV = ΔRoa	模型⑤ FV = ΔRoe	模型⑥ FV = ΔOpr
Dispersion3	0.0232**	0.0068***	0.1359			
	(2.54)	(3.54)	(0.94)			
Dispersion3 × Power1	-0.0430***	-0.0069*	-0.5370			
	(-2.64)	(-1.91)	(-1.22)			
Dispersion4				0.00440	0.0051***	0.0997
				(1.06)	(3.81)	(0.93)
Dispersion4 × Power1				-0.0055*	-0.00460	-0.3872
				(-1.69)	(-1.55)	(-1.22)
Power1	0.0419**	-0.00620	0.3672*	0.0354***	-0.00530	0.5057
	(2.46)	(-1.01)	(1.85)	(4.73)	(-0.73)	(1.63)
Size	-0.1807***	-0.0237**	0.0695	-0.0318*	-0.0238**	0.0697
	(-2.99)	(-2.05)	(1.18)	(-1.71)	(-2.07)	(1.19)
Leverage	0.1502**	0.0351	-0.0274***	0.0633	0.0353	-0.0275***
	(2.20)	(0.78)	(-24.57)	(0.81)	(0.79)	(-24.98)
Growth	0.0127***	0.0486***	0.0326***	0.0028**	0.0486***	0.0326***
	(3.20)	(8.92)	(91.99)	(2.01)	(8.92)	(92.90)
常数项	3.0806***	0.7040***	-2.1616**	0.7172**	0.7038***	-2.2037**
	(3.24)	(4.88)	(-2.10)	(2.38)	(4.95)	(-2.09)
行业	控制	控制	控制	控制	控制	控制
年度	控制	控制	控制	控制	控制	控制
N	6163	6163	6163	6163	6163	6163
withinr2	0.0756	0.0782	0.00820	0.0737	0.0793	0.00820

注：***、**、*分别表示在1%、5%、10%的水平上显著（双尾）；括号内为相应系数的T值。

表 5-6 管理者权力（Power2）、外部薪酬差距与公司价值的回归结果

变量	模型① FV = ΔRoa	模型② FV = ΔRoe	模型③ FV = ΔOpr	模型④ FV = ΔRoa	模型⑤ FV = ΔRoe	模型⑥ FV = ΔOpr
Dispersion3	0.0117*	0.0147**	0.0081***			
	(1.73)	(2.57)	(3.96)			

续表

变量	模型① FV = ΔRoa	模型② FV = ΔRoe	模型③ FV = ΔOpr	模型④ FV = ΔRoa	模型⑤ FV = ΔRoe	模型⑥ FV = ΔOpr
Dispersion3 × Power2	-0.0125** (-2.54)	-0.0188* (-1.89)	-0.0156* (-1.85)			
Dispersion4				0.0994* (1.77)	0.0104** (2.54)	0.0059*** (5.09)
Dispersion4 × Power2				-0.1866* (-1.95)	-0.0127* (-1.66)	-0.0119** (-2.17)
Power2	0.0129 (1.43)	-0.0184* (-1.69)	0.00560 (0.45)	0.0845 (1.22)	-0.0138 (-1.03)	0.0116 (0.77)
Size	-0.0315* (-1.73)	-0.0238** (-2.05)	0.0234 (1.32)	0.157 (1.02)	-0.0239** (-2.07)	0.0292 (1.23)
Leverage	0.0653 (0.84)	0.0356 (0.79)	-0.0007** (-2.53)	-0.485 (-1.11)	0.0358 (0.80)	-0.0829 (-1.14)
Growth	0.0027* (1.92)	0.0486*** (8.77)	0.0007*** (3.81)	-0.00170 (-0.22)	0.0486*** (8.78)	0.0002*** (2.59)
cons	0.7074** (2.41)	0.7115*** (4.95)	-0.598 (-1.42)	-3.103 (-1.11)	0.7098*** (5.04)	-0.651 (-1.32)
行业	控制	控制	控制	控制	控制	控制
年度	控制	控制	控制	控制	控制	控制
N	6163	6163	6163	6163	6163	6163
withinr2	0.0721	0.0795	0.0616	0.0582	0.0795	0.0472

注：***、**、*分别表示在1%、5%、10%的水平上显著（双尾）；括号内为相应系数的T值。

四 机理分析：基于在职消费的视角

薪酬激励影响公司业绩的路径是"管理层激励→管理层行为→公司价值"，前文的研究发现，外部薪酬差距具有正面价值效应，而管理者权力对这种正面价值激励效应具有抑制作用，说明管理者权力与外部薪酬差距调整了管理者的管理行为，进而影响了公司价值。在此基础上，本章进一步进行管理者权力与外部薪酬差距影响公司价值的机理分析。我们从在职消费的视角，进一步检验管理者行为在管理者权力与外部薪酬差距在影响公司价值中所起的中介作用。

在管理者货币薪酬水平与行业水平相比较低的公司,管理者是否会转向在职消费这种隐性激励的选择呢?陈冬华等对国有企业的研究发现,由于受到薪酬管制的外生薪酬安排缺乏应有的激励效率,在职消费成为管理人员的替代选择。[①]而在职消费是管理者与外部股东代理冲突的一种体现,具有负面的经济后果,会降低公司价值。[②]法马(Eugene F. Fama)的研究也表明,在事后薪酬调整不能够弥补在职消费对公司资源的耗费时,那么在职消费就成为代理问题的一部分。[③]哈特也认为,由于在职消费是一种私人收益,这意味着在职消费所产生的财务成本远远超过其带来的效益增加。[④]耶麦克[⑤]及拉詹(Raghuram G. Rajan)和伍尔夫(Julie Wulf)[⑥]的研究都支持了在职消费的代理观点。因此我们预期前文各变量之间关系的原因可能在于:较高的外部薪酬差距能够降低管理者对具有负面价值效应在职消费的追求,而管理者权力弱化了外部薪酬差距对在职消费的抑制作用。本章采用"外部薪酬差距→在职消费→公司价值"的逻辑检验,首先,检验管理者权力、外部薪酬差距与在职消费的关系,我们预期外部薪酬差距能够抑制在职消费,而管理者权力弱化了外部薪酬差距对在职消费的抑制作用;其次,检验在职消费与公司价值的关系,以此证实在

[①] 陈冬华、陈信元、万华林:《国有企业中的薪酬管制与在职消费》,《经济研究》2005年第2期。

[②] Jensen M. B., Meckling W. H., "Theory of the Firm: Managerial Behavior, Agency Costs and Ownership Structure", *Journal of Financial Economics*, Vol. 3, No. 4 (Oct., 1976).

[③] Eugene F. Fama, "Agency Problem and the Theory of the Firm", *Journal of Political Economics*, Vol. 88, No. 2 (Apr., 1980).

[④] Hart O., "Financial Contracting", *Journal of Economic Literature*, Vol. 39, No. 4 (Dec., 2001).

[⑤] Yermack D., "Flights of Fancy: Corporate Jets, CEO Perquisites, and Inferior Shareholder Returns", *Journal of Financial Econocs*, Vol. 80, No. 1 (Apr., 2006).

[⑥] Rajan R. G., Wulf J., "Are Perks Purely Managerial Excess?", *Journal of Financial Economics*, Vol. 79, No. 1 (Jan., 2006).

职消费的价值效应,我们预期在职消费与公司价值负相关,具有负面价值效应;最后,为了使本章的研究更有说服力,将研究样本按照管理者权力分为管理者权力较小和较大的两组,对比检验不同管理者权力样本组的在职消费价值效应有何差异,我们预期在管理者权力较大的样本中,在职消费的负面价值效应更显著。

(一)在职消费的计量

本书将在职消费定义为非经营必需,且由高管支配的费用,本书用两种替代方法计量在职消费:第一种主要参考罗伟等的做法[①],用非正常的"高管费用"表示在职消费,用上市公司报表中报告的管理费用扣除坏账准备、存货跌价准备以及直接支付给高管和董事的薪酬总额后的余额后为实际的"高管费用",这些费用的支出大多是由公司高管所控制,而实际的"高管费用"中还包含了正常的企业经营必需的管理费用,因此我们用实际的"高管费用"与公司特征的相关变量进行分年度分行业回归,回归得到的预期值为正常的、公司经营所必需的费用,而模型的残差则表示非经营必需的而由管理者支配的费用,即本书的第一个在职消费替代变量(Perks1)。第二种在职消费的计量,参考陈冬华等[②]手工收集的年报附注"支付的其他与经营活动有关的现金流量"中非经营必需,而由高管支配的八类费用项目,即办公费、差旅费、业务招待费、通信费、出国培训费、董事会费、小车费和会议费,与陈冬华等不同的是,陈冬华将这八项费用的总和直接作为在职消费变量。本书赞同拉詹和伍尔夫[③]的观点,认为这些费用中包含了公司正常经营所必需的一些费用,因此与第一种在职消

[①] Luo W., Zhang Y., Zhu N., "Bank Ownership and Executive Perquisites: New Evidence from an Emerging Market", *Journal of Corporate Finance*, Vol. 17, No. 2 (Apr., 2011).

[②] Chen, Donghua, Li, Oliver Zhen, Liang, Shangkun. "Do Managers Perform for Perks?", Working Paper of Nanjing University, 2010.

[③] Rajan R. G., Wulf J., "Are Perks Purely Managerial Excess?", *Journal of Financial Economics*, Vol. 79, No. 1 (Jan., 2006).

费的计量相同，将八项费用的总和与相关公司特征变量进行分年度分行业回归，将回归的残差作为本书的第二种在职消费替代变量（Perks2）。衡量高管在职消费的模型如下：

$$\frac{Mexpense}{Assets_{t-1}} = \beta_0 + \beta_1 \frac{1}{Assets_{t-1}} + \beta_2 \frac{\Delta Sales_t}{Assets_{t-1}} + \beta_3 \frac{PPE_t}{Assets_{t-1}} +$$
$$\beta_4 \frac{Inventory_t}{Assets_{t-1}} + \beta_5 LnEmployee_t + \varepsilon_t \quad (5.3)$$

$$\frac{Mpay_t}{Assets_{t-1}} = \beta_0 + \beta_1 \frac{1}{Assets_{t-1}} + \beta_2 \frac{\Delta Sales_t}{Assets_{t-1}} + \beta_3 \frac{PPE_t}{Assets_{t-1}} +$$
$$\beta_4 \frac{Inventory_t}{Assets_{t-1}} + \beta_5 LnEmployee_t + \varepsilon_t \quad (5.4)$$

（5.3）式中，$Mexpense_t$是管理费用减去坏账准备、存货跌价准备以及直接支付给高管和董事的薪酬；$Assets_{t-1}$为滞后一期的资产总额；$\Delta Sales_t$为主营业务收入变动额，等于本期主营业务收入与上期主营业务收入的差额，以估计正常生产能力的管理费用；PPE_t是财产、厂房和设备等固定资产的净值，用以衡量折旧与摊销费用；$Inventory_t$是存货的期末余额，作为衡量经营需要的管理费用的代理变量；$LnEmployee_t$是员工人数的自然对数，用来估计用以团队协调、员工培训成长的费用。（5.4）式中$Mpay_t$是现金流量表附注中"支付的其他与经营活动有关的现金流量"的八项现金支出的总和，其他变量同（5.3）式。分别对（5.3）式和（5.4）式进行分年度分行业回归，得出的残差即为本书定义的在职消费 Perks 的替代变量。

（二）管理者权力、外部薪酬差距与在职消费的实证结果分析

为检验管理者权力、外部薪酬差距与公司价值的内在机理，本章构建如下模型：

$$Perks = \lambda_0 + \lambda_1 Dispersion + \lambda_2 Power + \lambda_3 Dispersion \times$$
$$Power + \lambda_4 LnPay + \lambda_5 Leverage + \lambda_6 Size + \quad (5.5)$$
$$\lambda_7 Growth + \lambda_8 FCF + \sum Industry + \sum Year + \xi$$

$$FV = \lambda_0 + \lambda_1 Perks + \lambda_2 LnPay + \lambda_3 Leverage + \lambda_4 Size + \\ \lambda_5 Growth + \sum Industry + \sum Year + \xi \quad (5.6)$$

（5.5）式用来检验假设高管外部薪酬差距对在职消费的影响，我们主要关注外部薪酬差距 Dispersion 的系数 λ_1 以及外部薪酬差距与管理者权力变量的交乘项 Dispersion × Power 的系数 λ_3 的符号。如果 λ_1 为负，说明管理者的货币薪酬水平与同行业管理者薪酬相比越高，能够一定程度上减少其对在职消费这种隐性激励的获取；反之，与同行业管理者薪酬水平相比越低，则越需要较多的在职消费予以补偿其货币薪酬的激励不足部分。如果 λ_3 的系数为正，则说明管理者权力弱化了外部薪酬差距对在职消费的抑制作用。此外模型中控制了高管前三平均薪酬的自然对数 LnPay、财务杠杆、公司规模、成长性和自由现金流变量对在职消费的影响，模型中还加入行业和年度虚拟变量，以控制行业和年度的影响。

（5.6）式用来检验在职消费对公司价值的影响，我们关注在职消费 Perks 的系数 λ_1 的符号，预期在职消费具有负面价值效应，λ_1 的符号为负。此外模型中控制了高管薪酬、财务杠杆、公司规模和成长性的影响，以此控制年度和行业效应。对于（5.6）式，本章首先检验在职消费对公司价值的影响，其次根据管理者权力变量的中值为界将总样本分为权力较大和较小的两组，分别检验在职消费对公司价值的影响，分析在不同管理者权力样本中，在职消费对公司价值的影响有何差异。

表 5–7 是以 Dispersion3 表示外部薪酬差距的（5.5）式的回归结果。模型①至模型③中的被解释变量在职消费 Perks1 为（5.3）式的分年度分行业回归残差。模型①中 Dispersion3 的系数在 1% 的显著性水平上为正，可见，外部薪酬差距对在职消费产生显著负面影响，具有抑制在职消费的作用；加入外部薪酬差距与在职消费的交乘项后，模型②中 Dispersion3 × Power1 的系数在 5% 的水平上显著为正，模型

③中 Dispersion3×Power2 的系数在 1% 的水平上显著为正。模型④至模型⑥中的被解释变量在职消费 Perks2 为（5.4）式的分年度分行业回归残差。模型④中 Dispersion3 的系数在 10% 的显著性水平上为正，可见，外部薪酬差距对在职消费产生显著负面影响，具有抑制在职消费的作用；加入外部薪酬差距与在职消费的交乘项后，模型⑤中 Dispersion3×Power1 的系数在 1% 的水平上显著为正，模型⑥中 Dispersion3×Power2 的系数在 5% 的水平上显著为正。综上可知，外部薪酬差距 Dispersion3 能够抑制管理者的在职消费水平，而管理者权力弱化了外部薪酬差距对在职消费的抑制作用。表 5-8 是以 Dispersion4 作为外部薪酬差距，关于管理者权力、外部薪酬差距与在职消费的回归结果，其结果与表 5-7 一致。

表 5-7 管理者权力、外部薪酬差距（Dispersion3）与在职消费

变量	被解释变量：在职消费为 Perks1			被解释变量：在职消费为 Perks2		
	模型①	模型②	模型③	模型④	模型⑤	模型⑥
Dispersion3	-0.0030***	-0.0029***	-0.0062***	-0.0017*	-0.0015	-0.0013*
	(-4.03)	(-2.74)	(-5.28)	(-1.66)	(-1.13)	(-1.85)
Power1		0.0079***			0.0078**	
		(3.66)			(2.03)	
Dispersion3 ×Power1		0.0034**			0.0041***	
		(2.21)			(3.78)	
Power2			0.0090***			0.0091***
			(5.58)			(2.84)
Dispersion3 ×Power2			0.0078***			0.0039**
			(8.49)			(2.12)
Lnpay	0.0117***	0.0106***	0.0110***	0.0046***	-0.0075	-0.0007
	(7.15)	(5.62)	(5.72)	(5.68)	(-0.41)	(-0.78)
Leverage	-0.0035*	-0.0033***	-0.0034***	-0.0099***	-0.0180*	-0.0151***
	(-1.95)	(-6.22)	(-4.79)	(-2.00)	(-4.25)	(-3.88)
Size	-0.0030***	-0.0028***	-0.0030***	-0.0019***	-0.0046	-0.0051*
	(-22.31)	(-9.83)	(-12.30)	(-6.84)	(-1.54)	(-1.86)

续表

变量	被解释变量：在职消费为Perks1			被解释变量：在职消费为Perks2		
	模型①	模型②	模型③	模型④	模型⑤	模型⑥
Growth	0.0053***	0.0056***	0.0058***	0.0012***	0.0037*	0.00140
	(6.75)	(6.56)	(7.02)	(2.59)	(1.91)	(1.32)
FCF	0.0000***	0.0021***	0.0023***	0.00047	0.0006	0.000570
	(5.75)	(6.98)	(6.11)	(1.46)	(1.23)	(1.63)
常数项	-0.0740***	-0.0630**	-0.0678***	-0.00800	0.1308**	0.1302***
	(-4.23)	(-2.49)	(-2.61)	(-0.66)	(2.45)	(2.65)
行业	控制	控制	控制	控制	控制	控制
年度	控制	控制	控制	控制	控制	控制
N	6114	6114	6114	2827	2827	2827
withinr2	0.00980	0.0111	0.0106	0.00440	0.0053	0.0075

注：***、**、* 分别表示在1%、5%、10%的水平上显著（双尾）；括号内为相应系数的T值。

表5-8 管理者权力、外部薪酬差距（Dispersion4）与在职消费

变量	被解释变量：在职消费为Perks1			被解释变量：在职消费为Perks2		
	模型①	模型②	模型③	模型④	模型⑤	模型⑥
Dispersion4	-0.0020***	-0.0020***	-0.0043***	-0.0012*	-1.300e+06	-0.0016***
	(-3.80)	(-2.58)	(-5.25)	(-1.69)	(-1.48)	(-3.19)
Power1		0.0069***			0.0066*	
		(3.16)			(1.91)	
Dispersion4 × Power1		0.0025***			0.0033***	
		(2.81)			(3.03)	
Power2			0.0070***			0.0075**
			(4.79)			(2.17)
Dispersion4 × Power2			0.0056***			0.0041***
			(10.45)			(3.95)
Lnpay	0.0115***	0.0103***	0.0108***	0.0045***	-0.00490	-0.000400
	(6.98)	(5.45)	(5.53)	(5.48)	(-0.27)	(-0.48)
Leverage	-0.0035*	-0.0033***	-0.0034***	-0.0097*	-0.0187***	-0.0151***
	(-1.94)	(-5.93)	(-4.70)	(-1.93)	(-4.28)	(-3.89)

续表

变量	被解释变量：在职消费为 Perks1			被解释变量：在职消费为 Perks2		
	模型①	模型②	模型③	模型④	模型⑤	模型⑥
Size	-0.0030***	-0.0028***	-0.0031***	-0.0018***	-0.0045	-0.0051*
	(-22.00)	(-9.85)	(-12.38)	(-9.72)	(-1.52)	(-1.86)
Growth	0.0053***	0.0056***	0.0059***	0.0018**	0.0037*	0.00140
	(6.78)	(6.62)	(7.03)	(1.98)	(1.91)	(1.32)
FCF	0.0000***	0.0019***	0.0021***	1.06e-13	0.000600	0.000610
	(5.84)	(7.00)	(6.14)	(1.17)	(1.24)	(1.63)
常数项	-0.0703***	-0.0591**	-0.0626**	-0.00880	0.1308**	0.1278***
	(-4.04)	(-2.34)	(-2.42)	(-0.86)	(2.50)	(2.64)
行业	控制	控制	控制	控制	控制	控制
年度	控制	控制	控制	控制	控制	控制
N	6114	6114	6114	2827	2827	2827
withinr2	0.00970	0.0111	0.0106	0.00450	0.0053	0.0077

注：***、**、*分别表示在1%、5%、10%的水平上显著（双尾）；括号内为相应系数的T值。

表5-9是（5.6）式的回归结果，可见以不同的变量来表示公司价值，除模型②和模型⑥中的在职消费变量不显著为负外，其他模型中在职消费的系数在不同的水平上均显著为负，这说明在职消费具有负面价值效应。

表5-9　　　　　　　在职消费影响公司价值的回归结果

变量	模型①	模型②	模型③	模型④	模型⑤	模型⑥
	FV=ΔRoa	FV=ΔRoe	FV=ΔOpr	FV=ΔRoa	FV=ΔRoe	FV=ΔOpr
Perks1	-0.7782*	-0.1231	-0.2485**			
	(-1.84)	(-1.09)	(-2.04)			
Perks2				-0.0955***	-0.0359***	-0.0867
				(-2.80)	(-5.25)	(-1.30)

续表

变量	模型① FV = ΔRoa	模型② FV = ΔRoe	模型③ FV = ΔOpr	模型④ FV = ΔRoa	模型⑤ FV = ΔRoe	模型⑥ FV = ΔOpr
Lnpay	0.1342	0.0375***	0.0339***	0.0093*	0.0452***	0.0342***
	(1.09)	(7.78)	(10.46)	(1.69)	(13.66)	(7.23)
Size	-0.9954**	0.0143	0.0385***	-0.0887***	0.0132	0.0595***
	(-2.19)	(1.42)	(2.98)	(-2.92)	(1.16)	(3.49)
Leverage	-2.5360***	-0.2310***	-0.3670***	-0.0514	-0.2231***	-0.3337***
	(-44.09)	(-4.90)	(-17.48)	(-1.51)	(-4.51)	(-12.18)
Growth	1.2659***	0.0470***	0.0341***	0.0224***	0.0470***	0.0320***
	(3.33)	(14.15)	(15.78)	(4.69)	(8.16)	(5.52)
常数项	17.1504***	-0.7811***	-0.9334***	1.7587***	-1.2468***	-1.8114***
	(2.62)	(-4.35)	(-4.70)	(2.84)	(-6.41)	(-6.29)
行业	控制	控制	控制	控制	控制	控制
年度	控制	控制	控制	控制	控制	控制
N	6114	6114	6114	2827	2827	2827
withinr2	0.1902	0.1527	0.2165	0.1423	0.1451	0.1950

注：***、**、* 分别表示在1％、5％、10％的水平上显著（双尾）；括号内为相应系数的T值。

表5-10是以Roa代表公司价值，以管理者权力为依据将全样本分为管理者权力较大组和管理者权力较小组，检验在不同管理者权力下在职消费的价值效应有何区别。模型①至模型④是对以Perks1为在职消费替代变量的回归结果，可见，以Power1分组，管理者权力较小组模型①中Perks1不显著为负，而管理者权力较大组模型②中Perks在10％的水平上显著为负；以Power2分组，管理者权力较小组模型③中Perks1不显著为负，而权力较大组模型④中Perks在1％的水平上显著为负。模型⑤至模型⑧是对以Perks2为在职消费替代变量的回归结果，可见，以Power1分组，权力较小组模型⑤中Perks2在1％的显著性水平上为正，而管理者权力较大组模型⑥中Perks2在1％的水平上显著为负，且系数的绝对值远远大于模型⑤中Perks2系

表5-10 不同管理者权力与公司价值回归结果

变量	以Power1分组 权力小组 模型①	以Power1分组 权力大组 模型②	以Power2分组 权力小组 模型③	以Power2分组 权力大组 模型④	以Power1分组 权力小组 模型⑤	以Power1分组 权力大组 模型⑥	以Power2分组 权力小组 模型⑦	以Power2分组 权力大组 模型⑧
Perks1	-0.0251	-0.0515*	-0.0721	-0.1119***				
	(-1.40)	(-1.84)	(-0.28)	(-2.72)				
Perks2					0.0379***	-0.3085***	0.0700***	-0.2914*
					(13.46)	(-3.01)	(2.70)	(-1.88)
Lnpay	0.0137***	0.0229***	0.2214***	0.0185***	0.0170***	0.00190	0.0123***	0.0130
	(10.59)	(9.59)	(3.01)	(10.53)	(6.41)	(0.24)	(4.97)	(1.48)
Leverage	-0.1366***	-0.0619***	-0.0375**	-0.0651***	-0.1819***	-0.2034	0.0345	-0.3259***
	(-13.90)	(-3.82)	(-1.98)	(-5.08)	(-8.31)	(-1.53)	(0.67)	(-2.89)
Size	0.0088**	-0.0174***	-1.0597***	-0.0091***	0.0134**	-0.0463*	-0.0910***	0.00940
	(2.51)	(-8.30)	(-3.51)	(-3.32)	(2.18)	(-1.79)	(-2.81)	(0.95)
Growth	0.0137***	0.0271***	0.7471***	0.0175***	0.0242***	0.0598***	0.0528***	0.0351***
	(8.47)	(11.88)	(5.54)	(4.90)	(4.66)	(3.89)	(8.00)	(3.88)
常数项	-0.2698***	0.0101	18.6063***	-0.146	-0.3166***	1.0263	1.8090**	-0.2549
	(-5.01)	(0.18)	(3.56)	(-1.56)	(-3.69)	(1.64)	(2.58)	(-1.01)
行业	控制	控制	控制	控制	控制	控制	控制	控制
年度	控制	控制	控制	控制	控制	控制	控制	控制
N	3101	3013	3101	3013	1420	1407	1420	1407
within2	0.1600	0.1883	0.1781	0.1656	0.1969	0.0899	0.0774	0.2090

注：***、**、*分别表示在1%、5%、10%的水平上显著（双尾）；括号内为相应系数的T值。

数的绝对值；以 Power2 分组，管理者权力较小组模型⑦中 Perks2 显著为正，而管理者权力较大组模型⑧中 Perks2 在 10% 的水平上显著为负，且系数的绝对值远远大于模型⑦中 Perks2 的系数绝对值。综上，在管理者权力较大的样本组中，在职消费对公司价值的负面影响更强。

五 稳健性检验

为验证本章上述研究结果的稳健性，本节分别进行了如下稳健性检验：（1）将全部样本分别依据 Power1 和 Power2 从小到大进行排序，以管理者权力变量的中位数为界，如果大于中位数，则取值为 1，否则取值为 0，检验结果一致；（2）用董事前三薪酬总额代替高管前三名薪酬总额，重新构建外部薪酬差距变量，检验模型的结果未有明显不同；（3）仅选择外部薪酬差距大于零的样本对管理者权力、外部薪酬差距与公司业绩之间的关系进行检验，检验结果没有改变；（4）在公司价值的计量中，学者们经常采用市场价值指标托宾 Q 值，我们将托宾 Q 值作为公司价值的替代变量，检验结果一致。基于此，我们认为本章的研究结果具有稳健性。

作为学术研究的热点问题，学者们对管理者薪酬激励问题的研究主要关注管理者薪酬的绝对额与公司价值的关系，以及公司内部薪酬差距的价值效应；而管理者作为市场上流动的个体，除了考虑自身努力与所得薪酬之比、自身薪酬水平与公司内同层级或不同层级的员工薪酬之比外，还会将其所得薪酬与同行业管理者薪酬相比，进而调整自己的管理行为，影响公司价值。而现有文献对外部薪酬差距激励效应的研究较少，管理者权力是影响薪酬激励有效性的重要因素，现有文献没有考虑管理者权力对外部薪酬差距激励效应的影响，也没有检验管理者行为在薪酬差距影响公司价值中所起的中介作用。本章以管理者薪酬的行业水平为基准，通过将管理者薪酬与同行业管理者薪酬的比较构建外部薪酬差距变量,结合管理者权力检验外部薪酬差距与公司价值的关系。研究发现,我国上市公司外部薪酬差距与公司价值正相关,外部薪酬差距具有正面价值激励效应,而管理者权力减弱了外部薪酬差距的激励效应。进一步拓展性检验发现,外部薪酬差距能够降低管理者对具有负面价值效应的在职消费的追求,而管理者权力弱化了外部薪酬差距对在职消费的抑制作用。

　　本章的研究不仅补充了我国管理者激励效应在外部薪酬差距方面的文献,为我们检验管理者激励效应提供了新的视角;更重要的是本章进一步从在职消费的角度,考察了外部薪酬差距产生正面价值效应及管理者权力抑制外部薪酬差距激励效应的内在机理,为当前我国上市公司管理者薪酬中存在的问题及薪酬制度的改革提供了新的思路。本章研究的启示在于,外部薪酬差距因抑制管理者追求私有收益的管理行为而具有正面的价值效应,但外部薪酬的激励作用又受公司治理有效性的影响,当公司治理对管理者的权力不能形成监督约束机制时,将会弱化外部薪酬差距的激励作用。因此,应不断完善公司治理机制,使管理者权力得到有效的监督和制衡,为形成科学合理的外部薪酬差距,进而有效发挥激励作用提供条件。

第六章 不同股权性质下的实证研究

与西方相对稳定的制度环境不同，在转轨经济过程中，政府对上市公司的干预程度和实施政策因股权性质的不同而有所差异，近年来，大量文献对国有产权与非国有产权的效率差异进行了探讨，与非国有产权相比，国有企业在代理问题的产生与解决，以及所有权的行事方式上的差异十分显著，对公司决策与绩效产生的影响也不尽相同。相对于国有上市公司，民营上市公司主要分布于市场化进程较高的地区，市场竞争程度强，因此，更加关注公司的"效率"和"效益"。① 雪莉（Mary Shirley）和沃尔什（Patrick Walsh）的研究表明，与国有产权相比，非国有控股企业在理论上较好地解决了股东与管理者之间的委托代理问题，更能够保持对管理者的有效监督与约束。② 克莱森斯（Stijn Claessens）和贾科夫（Simeon Djankov）的研究发现，由私有所有者任命的管理者比国有资产管理机构任命的管理者能够带来更大的绩效改善③。中山大学管理学院课题组以珠三角地区的非上市公司为样本，研究发现，公司的产权性质不同，其在公司治理结构

---

① 南开大学公司治理评价课题组：《中国公司治理评价与指数报告——基于 2007 年 1162 家上市公司》，《管理世界》2008 年第 1 期。

② Shirley M., Walsh P., "Public vs. Private Ownership: the Current State of the Debate", *Policy Research Working Paper*, Vol. 10, No. 5 (Jan., 2001).

③ Claessens S., Djankov S., "Enterprise Performance and Management Turnover in the Czech Republic" *European Economic Review*, Vol. 43, No. 4−6 (Apr., 1999).

方面也存在明显差异。具体说来，私有产权控股对公司治理的正面推动作用表现较为明显，其治理结构明显好于国有产权控股的非上市公司。① 徐晓东和陈小悦研究发现，上市公司第一大股东为非国家股股东时，公司价值更高，盈利能力和经营灵活性更强，公司治理的效力更高，其高管层面临着更多的企业内部和外部的监督与激励。② 杨兴全和张照南的研究发现，于非国有控股上市公司来说，国有控股上市公司持有现金的市场价值更低。③ 杨兴全等的研究表明，上市公司国有性质抑制了管理层激励的正向效应的发挥④。对于不同产权性质的上市公司中管理者薪酬激励效应的差异研究方面，陈冬华等的研究表明，由于政府对国有企业管理者薪酬实行薪酬管制，导致国有企业的管理者薪酬安排缺乏相应的激励效应，使得在职消费成为国有企业管理者的内生性选择。⑤ 辛清泉等的研究发现，由于政府的薪酬管制的存在，使得国有企业的薪酬契约无法对管理者的努力程度和经营才能给予相应的激励补偿，薪酬契约的失效导致地方政府控制的国有企业中的过度投资行为。⑥ 仅有吴联生等结合股权性质，研究了薪酬外部公平性对公司业绩的影响⑦，而基于股权性质研究薪酬差距激励效应的文献还很缺乏。

---

① 中山大学管理学院课题组：《控股股东性质与公司治理结构安排——来自珠江三角洲地区非上市公司的经验证据》，《管理世界》2008 年第 6 期。
② 徐晓东、陈小悦：《第一大股东对公司治理、企业业绩的影响分析》，《经济研究》2003 年第 2 期。
③ 杨兴全、张照南：《制度背景、股权性质与公司持有现金价值》，《经济研究》2008 年第 12 期。
④ 杨兴全、张丽平、吴昊旻：《控股股东控制、管理层激励与公司过度投资》，《商业经济与管理》2012 年第 10 期。
⑤ 陈冬华、陈信元、万华林：《国有企业中的薪酬管制与在职消费》，《经济研究》2005 年第 2 期。
⑥ 辛清泉、林斌、王彦超：《政府控制、经理薪酬与资本投资》，《经济研究》2007 年第 8 期。
⑦ 吴联生、林景艺、王亚平：《薪酬外部公平性、股权性质与公司业绩》，《管理世界》2010 年第 3 期。

基于此，本章以我国上市公司 2006—2010 年 A 股非金融行业上市公司为研究样本，基于上市公司不同的股权性质检验管理者权力、薪酬差距与公司价值的关系，研究发现：上市公司的国有性质抑制了内部（外部）薪酬差距正面价值激励效应的发挥，并且强化了管理者权力对内部（外部）薪酬差距正面价值激励效应的抑制作用。本章剩余部分安排如下：第一节为理论分析与研究假设；第二节为研究设计；第三节为实证结果与分析。

第一节 理论分析与研究假设

我国的上市公司多由国有企业改制而来，在国有企业中存在政府干预的问题，政府的权力部门作为所有权的代表拥有国有企业的产权，虽然国有资产分级管理体制改变了以往政府直接管理企业的局面，但是，国有资产管理机构作为政府权力部门并没有从本质上改变政府控制公司的国有性质，因此，由于所有者主体的缺失容易导致国有企业的效率低下。国有企业的薪酬激励机制与非国有企业的薪酬激励机制有着很大的不同：首先，在非国有企业中，上市公司实施的是根据市场绩效确定管理者薪酬的激励契约；在国有企业中，由于政府对管理者的薪酬进行管制，实施的是整齐划一的薪酬管理体制，通过将管理者的收入水平与普通员工收入水平挂钩的措施保持国企员工收入的平均主义，国有企业管理者的薪酬水平与非国有企业管理者的薪酬水平相比整体偏低，因此国有企业的内外部薪酬差距均较低，严重扭曲了国有企业管理者的相对收入水平[1]，使得薪酬差距的价值激励效应难以发挥，国有企业中薪酬差距对公司价值的激励效应无法与非

---

[1] 陈冬华、陈信元、万华林：《国有企业中的薪酬管制与在职消费》，《经济研究》2005 年第 2 期。

国有企业基于市场的激励契约相比。因此,薪酬差距对公司价值的提升作用可能在非国有企业中更显著,吴联生等的研究发现,正向额外薪酬的对绩效激励效应仅在非国有企业中存在,在国有企业中不存在相关性。[1] 其次,由于国有企业承担着政府诸多的公共治理目标[2],对国企管理者的考核指标不仅仅是公司绩效,还包括社会稳定、就业安置、社会保障等因素,政府会将其公共治理目标内化到其所控制的上市公司中,模糊了国企管理者的努力与公司绩效之间的关系;就国企管理人员来说,其管理者多是政府官员,其职位往往由政府部门指定,在国有企业管理者的目标利益函数中,除了货币薪酬收益,还包括隐性的货币收益在职消费及职位升迁等激励方式,而与薪酬相比,政治前途可能更为国有企业管理者所关注[3],而陈冬华等的研究也发现,在政府对国有企业实施薪酬管制,无法为管理者提供有效激励的情况下,在职消费成为管理人员的替代性选择。[4] 因此,上市公司的国有性质会弱化薪酬差距的正面价值激励效应。卡托和郎对中国上市公司管理者薪酬差距与公司绩效的研究发现,薪酬差距与公司绩效正相关,但薪酬差距的激励效应在非国有控股的公司中更显著。[5]

从管理者权力角度来说,经济体制转型过程中,在政府放松对国有企业管制的情况下,政府行政放权让国有企业管理者逐渐拥有更多

---

[1] 吴联生、林景艺、王亚平:《薪酬外部公平性、股权性质与公司业绩》,《管理世界》2010年第3期。

[2] Shleifer A., Vishny R. W., "Politicians and Firms", *Quarterly Journal of Economics*, Vol. 109, No. 4 (Nov., 1994); Shleifer A., Vishny R. W., "A Survey of Corporate Governance", *Journal of Finance*, Vol. 52, No. 2 (Jun., 1997); Dixit A., "Power of Incentives in Private versus Public Organization", *American Economic Review*, Vol. 87, No. 2 (May, 1997).

[3] 吴联生、林景艺、王亚平:《薪酬外部公平性、股权性质与公司业绩》,《管理世界》2010年第3期。

[4] 陈冬华、陈信元、万华林:《国有企业中的薪酬管制与在职消费》,《经济研究》2005年第2期。

[5] Kato T., Long C., "Tournaments and Managerial Incentives in China's Listed Firms: New Evidence", *China Economic Review*, Vol. 22, No. 1 (Mar., 2011).

的经营自主权，虽然赋予管理者充分的经营管理权力有利于管理者发挥其经营才能，但由于国有企业的股东并不是其真正的所有者，而其真正的所有者又不具备人格化，造成国有企业"所有者缺位"和严重的"内部人控制"问题，管理者实质上具有对公司的重要控制权，当前我国国有企业虽然一直致力于市场化改革，但其改革的一个重要现象就是通过国有企业金字塔层级的延伸使得企业经营决策的权力由上往下转移，企业高管层的权力得到空前加强。此外，我国国有上市公司制度中存在先天缺陷，公司治理机制相对薄弱，而外部的监管力量和法律约束难以有效控制和监督国有企业管理者，维克斯（John Vickers）和亚罗（George Yarrow）的研究表明，由于国有企业在监管信息、控制权市场及市场化破产机制方面的缺乏，导致其激励与约束机制失效，进一步加重了国有企业的代理问题。[1] 张敏和姜付秀的研究表明机构投资者对薪酬契约的治理作用在民营企业中更显著[2]。权小锋与吴世农的研究表明，随着CEO权力的增大，企业经营业绩的波动性越高，增大了企业的经营风险，在引入不同股权性质进行分析后发现，CEO权力对经营业绩波动性的影响在国有性质的企业中更为显著。[3] 因此管理者权力对薪酬差距的价值激励效应的抑制作用在国有企业中可能更显著。基于以上分析，我们提出以下假设：

假设6-1：上市公司的国有性质抑制了内部薪酬差距正面价值激励效应的发挥，并且强化了管理者权力对内部薪酬差距正面价值激励效应的抑制作用。

假设6-2：上市公司的国有性质抑制了外部薪酬差距正面价值激

---

[1] Vickers J., Yarrow G., "Economic Perspectives on Privatization", *Journal of Economic Perspectives*, Vol. 5, No. 2 (Spring, 1991).
[2] 张敏、姜付秀：《机构投资者、企业产权与薪酬契约》，《世界经济》2010年第8期。
[3] 权小锋、吴世农：《CEO权力强度、信息披露质量与公司业绩的波动性——基于深交所上市公司的实证研究》，《南开管理评论》2010年第4期。

励效应的发挥,并且强化了管理者权力对外部薪酬差距正面价值激励效应的抑制作用。

第二节 研究设计

本章所使用的终极控制人性质数据来自 CCER 数据库,其他数据来源、样本选择及数据处理与第四章相同。模型设计与变量定义如下。

1. 终极控制人性质分类

根据上市公司的终极控制性股东的产权性质不同将上市公司分为国有上市公司和非国有上市公司,如果上市公司的终极控股股东为国有时,State 取值为 1,否则取值为 0。

2. 基于股权性质的内部薪酬差距与公司价值的检验模型

考虑到薪酬差距与公司价值之间的内生性问题,本章通过建立联立方程(6.1),并用三阶段最小二乘法(3SLS)来检验基于股权性质的内部薪酬差距与公司价值的关系。

$$\begin{cases} Dispersion = \alpha_0 + \alpha_1 FV + \alpha_2 Leverage + \alpha_3 Size + \alpha_4 Growth + \\ \qquad \alpha_5 Competitor + \sum Industry + \sum Year + \varepsilon_1 \\ FV = \beta_0 + \beta_1 Dispersion + \beta_2 State + \beta_3 Dispersion \times State + \\ \qquad \beta_4 Leverage + \beta_5 Size + \beta_6 Growth + \sum Industry + \\ \qquad \sum Year + \varepsilon_2 \end{cases} \quad (6.1)$$

第一个方程为薪酬差距方程。被解释变量为薪酬差距 Dispersion,我们分别使用绝对薪酬差距和相对薪酬差距对核心高管与普通员工薪酬差距进行测度,形成两个薪酬差距指标。解释变量公司价值的代理变量,分别用净资产收益率 Roe、总资产收益率 Roa 和主营业务利润率 Opr,同时控制财务杠杆 Leverage、公司规模 Size、成长性 Growth 和竞争者人数 Competitor,此外对年度和行业效应进行控制。

第六章 不同股权性质下的实证研究

第二个方程为公司价值方程，被解释变量为公司价值的代理变量。解释变量为绝对薪酬差距 Dispersion1 和相对薪酬差距 Dispersion2。为检验股权性质对内部薪酬差距的价值激励效应的影响，在模型中加入国有股权性质虚拟变量 State 及内部薪酬差距与国有股权性质的交乘项 Dispersion × State。此外，在控制年度和行业的基础上，该模型中还加入了其他影响因素，包括财务杠杆 Leverage、公司规模 Size 和公司成长性 Growth。

本联立方程我们主要分析第二个公司价值方程，第一个方程主要为控制薪酬差距与公司价值之间的内生性问题。根据假设 6-1，上市公司的国有性质对内部薪酬差距的正面价值激励效应具有抑制作用，因此预期第二个方程中内部薪酬差距与国有股权性质的交乘项 Dispersion × State 的系数为负。

3. 基于股权性质的检验模型

为检验股权性质对管理者权力、内部薪酬差距与公司价值激励效应的影响，在第四章模型（4.2）中的公司价值方程加入国有性质 State、内部薪酬差距与管理者权力及国有性质 State 三者的交乘项 Dispersion × Power × State，构造如下模型（6.2），并用三阶段最小二乘法（3SLS）对模型（6.2）进行估计。我们主要关注第二个公司价值，薪酬差距方程和管理者权力方程主要用来控制变量之间的内生性问题。根据本章假设 6-1，如果 Dispersion × Power 的系数为负，且 Dispersion × Power × State 的系数也为负，说明国有性质进一步增强了管理者权力对内部薪酬差距正面价值激励效应的抑制作用。

$$\begin{cases} Dispersion = \alpha_0 + \alpha_1 FV + \alpha_2 Power + \alpha_3 Leverage + \alpha_4 Size + \\ \qquad \alpha_5 Growth + \alpha_6 Competitor + \sum Industry + \\ \qquad \sum Year + \varepsilon_1 \end{cases}$$

$$\begin{cases} FV = \beta_0 + \beta_1 Dispersion + \beta_2 Power + \beta_3 State + \beta_4 Dispersion \times \\ \quad Power + \beta_5 Dipersion \times Power \times State + \beta_4 Leverage + \\ \quad \beta_5 Size + \beta_6 Growth + \sum Industry + \sum Year + \varepsilon_2 \\ Power = \gamma_0 + \gamma_1 FV + \gamma_2 Dispersion + \gamma_3 Leverage + \gamma_4 Size + \\ \quad \gamma_5 Growth + \gamma_6 Capex + \gamma_7 Age + \sum Industry + \\ \quad \sum Year + \varepsilon_3 \end{cases} \quad (6.2)$$

4. 基于股权性质的外部薪酬差距与公司价值的检验模型

本章构建如下模型（6.3）检验股权性质对外部薪酬差距价值激励效应的影响：

$$FV = \alpha_0 + \alpha_1 Dispersion + \alpha_2 State + \alpha_3 Dispersion \times \\ State + \alpha_4 Size + \alpha_5 Leverage + \alpha_6 Growth + \\ \sum Industry + \sum Year + \varepsilon \quad (6.3)$$

模型中，FV 为公司价值的变化量，分别用总资产收益率 Roa、净资产收益率 Roe 以及主营业务利润率 Opr 的变化量来表示，即 $FV = \Delta Roa = Roa_t - Roa_{t-1}$ 或 $FV = \Delta Roe = Roe_t - Roe_{t-1}$ 或 $FV = \Delta Opr = Opr_t - Opr_{t-1}$；Dispersion 表示外部薪酬差距，分别用基于行业平均值的外部薪酬差距变量 Dispersion3 和基于行业中值的外部薪酬差距 Dispersion4 表示；为检验股权性质对外部薪酬差距价值激励效应的影响，加入国有股权性质虚拟变量 State，外部薪酬差距 Dispersion 与国有股权性质 State 的交乘项 Dispersion × State，主要关注 Dispersion × State 的系数，根据假设 6-2，上市公司的国有性质对外部薪酬差距的价值激励效应具有抑制作用，因此，我们预期 Dispersion × State 的系数为负。此外，模型中控制了公司规模、财务杠杆、成长性及行业和年度效应。

5. 基于股权性质的检验模型

为检验不同股权性质下，管理者权力、外部薪酬差距与公司价值的关系，本章构建如下模型：

$$FV = \alpha_0 + \alpha_1 Dispersion + \alpha_2 Power + \alpha_3 State + \alpha_4 Dispersion \times Power + \alpha_5 Dispersion \times Power \times State + \alpha_6 Size + \alpha_7 Leverage + \alpha_8 Growth + \sum Industry + \sum Year + \varepsilon$$

(6.4)

模型（6.4）是在第五章模型（5.2）的基础上除加入国有性质 State 外，加入外部薪酬差距、管理者权力与国有性质三者的交乘项 Dispersion × Power × State，根据假设 6-2，国有性质会强化管理者权力对外部薪酬差距正面价值激励效应的抑制作用，因此预期 Dispersion × Power 的系数为负，Dispersion × Power × State 的系数为负。

本章所使用其他变量的具体定义同第四章及第五章的变量定义。

第三节 实证结果与分析

一 单变量统计结果

表 6-1 是股权性质与公司价值的单变量检验结果，由表中结果可见，与国有组公司价值变量的均值和中位数相比，非国有组总资产收益率 Roa、净资产收益率 Roe 和主营业务利润率 Opr 的均值和中位数均较高，且经过均值的 T 检验和中位数秩和检验，差异均在 1% 的水平上显著。表 6-1 的结果表明，与国有上市公司相比，非国有上市公司的公司价值更高。

表 6-1　　股权性质与公司价值单变量检验结果

变量	根据股权性质分组				T-test T值	Wilcoxon test Z值
	国有		非国有			
	均值	中位数	均值	中位数		
Roa	0.0388	0.0343	0.0540	0.0502	11.6360***	14.600***

续表

变量	根据股权性质分组				T-test T 值	Wilcoxon test Z 值
	国有		非国有			
	均值	中位数	均值	中位数		
Roe	0.0747	0.0753	0.0934	0.0858	6.4863***	7.360***
Opr	0.0798	0.0559	0.1022	0.0918	5.9530***	12.855***

注：将全部样本根据最终控制人性质分为国有和非国有组，分别对各组的公司价值替代变量的均值和中位数进行统计；表中各公司价值变量的均值和中位数分别进行了均值的 T 检验和中位数 Wilcoxon 秩和检验；***、**、*分别表示在 1%、5% 和 10% 的水平上显著。

表 6-2 不同股权性质下的管理者权力与公司价值的单变量检验结果，其中 Panel A 和 Panel B 是对最终控制人性质为国有组样本的管理者权力与公司价值的单变量检验结果，Panel C 和 Panel D 是对最终控制人为非国有组样本的管理者权力与公司价值的单变量检验结果。Panel A 是根据主成分合成管理者权力指标 Power1 的中位数将国有上市公司分为管理者权力较大组和管理者权力较小组，分别对两组公司价值的均值和中位数进行统计，结果发现管理者权力较大组的各公司价值变量的均值及主营业务利润率 Opr 的中位数均小于管理者权力较小组的公司价值，且总资产收益率 Roa 均值的 T 检验在 5% 的水平上显著；Panel B 是根据均值管理者权力指标 Power2 的中位数将国有上市公司分为管理者权力较大组和管理者权力较小组，分别对两组公司价值的均值和中位数进行统计，结果发现，管理者权力较大组的各公司价值变量的均值及主营业务利润率 Opr 的中位数均小于管理者权力较小组的公司价值；Panel C 是根据主成分合成管理者权力指标 Power1 的中位数将非国有上市公司分为管理者权力较大组和管理者权力较小组，分别对两组公司价值的均值和中位数进行统计，结果发现，管理者权力较大组的各公司价值变量的均值和中位数均大于管理者权力较小组的公司价值，且均通过均值和中位数差异的显著性检验，显

著性水平达到1%；Panel D 是根据均值管理者权力指标 Power2 的中位数将非国有上市公司分为管理者权力较大组和管理者权力较小组，分别对两组公司价值的均值和中位数进行统计，结果发现，管理者权力较大组的各公司价值变量的均值及中位数均大于管理者权力较小组的公司价值，且总资产收益率 Roa 均值的 T 检验和各公司价值变量的中位数均显著。前文的假设表明，上市公司的国有性质强化了管理者权力对薪酬差距正面价值激励效应的抑制作用，而综合表6-2的结果表明，管理者权力对公司价值的负面影响在上市公司性质为国有的样本中更严重，初步支持了本章的研究假设。

表6-2 不同股权性质下管理者权力与公司价值的单变量检验结果

变量	管理者权力大组		管理者权力小组		T-est T值	Wilcoxon test Z值
	均值	中位数	均值	中位数		
最终控制人性质为国有组						
Panel A：按管理者权力 Power1 分组						
Roa	0.0369	0.0351	0.0403	0.0339	1.9904**	0.491
Roe	0.0724	0.0780	0.0764	0.0735	1.0124	-0.742
Opr	0.0760	0.0537	0.0827	0.0586	1.3276	1.555
Panel B：按管理者权力 Power2 分组						
Roa	0.0384	0.0351	0.0391	0.0337	0.3846	-0.282
Roe	0.0753	0.0784	0.0741	0.0732	-0.3123	-1.304
Opr	0.0774	0.0541	0.0821	0.0586	0.9312	1.437
最终控制人性质为非国有组						
Panel C：按管理者权力 Power1 分组						
Roa	0.0603	0.0570	0.0463	0.0420	-6.8945***	-8.949***
Roe	0.0989	0.0914	0.0867	0.0783	-2.9324***	-4.996***
Opr	0.1089	0.1014	0.0940	0.0781	-2.6504***	-5.249***

续表

最终控制人性质为非国有组					
Panel D：按管理者权力 Power2 分组					
变量	管理者权力大组		管理者权力小组		T-test T 值	Wilcoxon test Z 值
	均值	中位数	均值	中位数		
Roa	0.0584	0.0556	0.0498	0.0457	-4.2107***	-5.505***
Roe	0.0961	0.0905	0.0908	0.0813	-1.3006	-3.232***
Opr	0.1041	0.0975	0.1005	0.0856	-0.6438	-1.694*

注：将全部样本根据最终控制人性质分为国有组和非国有组，分别对各组的公司价值替代变量的均值和中位数进行统计；表中各公司价值变量的均值和中位数分别进行了均值的 T 检验和中位数 Wilcoxon 秩和检验；***、**、* 分别表示在1%、5%和10%的水平上显著。

二 不同股权性质下内部薪酬差距的检验

表 6-3 是基于股权性质的内部薪酬差距与公司价值的检验结果，是模型（6.1）公司价值方程的回归结果。由回归结果可见，在不同的公司价值指标下，绝对内部薪酬差距 Dispersion1 和相对内部薪酬差距变量 Dispersion2 的系数显著为正，国有性质与内部薪酬差距的交叉变量除模型②中 Dispersion1 × State 不显著为负外，其他模型中均显著为负，且显著性水平至少为 5%，表明国有性质抑制了内部薪酬差距正面价值激励效应的发挥，部分证明了假设 6-1。

表 6-3　股权性质、内部薪酬差距与公司价值的检验结果

变量	模型① FV = Roe	模型② FV = Roa	模型③ FV = Opr	模型④ FV = Roe	模型⑤ FV = Roa	模型⑥ FV = Opr
Dispersion1	0.3125***	0.1367*	0.0876***			
	(3.18)	(1.71)	(3.82)			
Dispersion2				0.0288***	0.6622***	0.3149***
				(3.06)	(3.30)	(2.66)
State	2.9008**	1.1954	0.5738**	0.2698***	6.1213***	2.1300*
	(2.57)	(1.30)	(2.24)	(3.40)	(3.12)	(1.90)

续表

变量	模型① FV=Roe	模型② FV=Roa	模型③ FV=Opr	模型④ FV=Roe	模型⑤ FV=Roa	模型⑥ FV=Opr
Dispersion1 ×State	-0.2369*** (-2.58)	-0.0975 (-1.30)	-0.0470** (-2.25)			
Dispersion2 ×State				-0.0352*** (-3.33)	-0.7834*** (-3.41)	-0.2733** (-1.98)
Leverage	0.0871* (1.75)	0.0862** (2.25)	-0.3023*** (-26.00)	-0.9059*** (-8.02)	-8.4972*** (-3.84)	-4.8271*** (-3.85)
Size	-0.0514*** (-3.38)	-0.0639*** (-5.41)	0.00300 (0.84)	0.0330* (1.74)	-0.0900 (-0.22)	-0.142 (-0.58)
Growth	0.00047 (-0.10)	0.1739*** (13.10)	0.00031 (0.11)	0.2826*** (4.88)	5.0187*** (4.17)	2.1275*** (2.98)
常数项	-2.6041*** (-2.85)	-0.326 (-0.43)	-0.9263*** (-4.32)	-0.7952** (-2.05)	-1.1371 (-0.14)	1.6721 (0.34)
行业	控制	控制	控制	控制	控制	控制
年度	控制	控制	控制	控制	控制	控制
Chi2	1298.52	1423.65	1581.55	1005.28	1066.55	1380.90
Prob>Chi2	0.0000	0.0000	0.0000	0.0000	0.0000	0.0000
N	6128	6128	6128	6128	6128	6128

注：***、**、*分别表示在1%、5%、10%的水平上显著；括号内为相应系数的Z值。

表6-4是基于股权性质的管理者权力、内部薪酬差距与公司价值的检验结果。用 Roe 作为公司价值的代理变量，用 Roa 和 Opr 的结果与 Roe 一致，为节约篇幅，不予汇报。由模型①可知，当以 Power1 作为管理者权力变量时，绝对内部薪酬差距与管理者权力交乘项 Dispersion1 × Power 的系数显著为负，绝对内部薪酬差距、管理者权力和国有性质三者的交乘项 Dispersion1 × Power × State 的系数不显著为负。模型②中相对内部薪酬差距与管理者权力的交乘项 Dispersion2 × Power 的系数在1%的水平上显著为负，相对内部薪酬差距、管理者权力和国有性质三者的交乘项 Dispersion2 × Power × State 的系数在1%的水平上显著为负。当以 Power2 作为管理者权力变量时，模型③中绝对内

部薪酬差距与管理者权力交乘项 Dispersion1 × Power 的系数显著为负，绝对内部薪酬差距、管理者权力和国有性质三者的交乘项 Dispersion1 × Power × State 的系数不显著为负。模型④中相对内部薪酬差距与管理者权力的交乘项 Dispersion2 × Power 的系数不显著为负，相对内部薪酬差距、管理者权力和国有性质三者的交乘项 Dispersion2 × Power × State 的系数在 1% 的水平上显著为负。综上，可以得出，管理者权力对内部薪酬差距正面价值激励效应的抑制作用在国有企业中更强，综合表 6-3 的回归结果，表明，国有性质不仅抑制了内部薪酬差距正面价值激励效应的发挥，还强化了管理者权力对内部薪酬差距正面价值激励效应的抑制作用，假设 6-1 得到验证。

表 6-4　　基于不同股权性质的管理者权力、内部薪酬差距与公司价值的检验结果

变量	Power = Power1		Power = Power2	
	模型①	模型②	模型③	模型④
Dispersion1	0.2307***		0.1208***	
	(4.48)		(3.46)	
Dispersion2		0.2638***		0.0001***
		(6.67)		(3.42)
Power	12.6166**	12.2375**	2.3978**	0.0994***
	(2.29)	(1.96)	(2.48)	(4.24)
State	-0.0233*	1.3670***	-0.0070*	-0.0081***
	(-1.77)	(4.91)	(-1.84)	(-4.55)
Dispersion1 × Power	-1.0339**		-0.1987**	
	(-2.31)		(-2.52)	
Dispersion1 × Power × State	-0.00190		-0.000900	
	(-0.60)		(-1.28)	
Dispersion2 × Power		-1.2981***		-0.000500
		(-2.83)		(-0.69)
Dispersion2 × Power × State		-0.1862***		-0.0010***
		(-4.10)		(-2.86)

续表

变量	Power = Power1		Power = Power2	
	模型①	模型②	模型③	模型④
Leverage	-0.3667***	-1.4394***	-0.0950***	-0.1079***
	(-7.09)	(-5.69)	(-18.29)	(-31.48)
Size	-0.0454***	-0.2002**	-0.00170	0.0065***
	(-2.58)	(-1.96)	(-0.72)	(10.42)
Growth	-0.000100	-0.0087***	0.0227***	0.0224***
	(-0.77)	(-4.06)	(10.26)	(12.40)
常数项	-1.4640***	2.039	-1.3143***	-0.0939***
	(-5.24)	(0.98)	(-3.30)	(-6.59)
行业	控制	控制	控制	控制
年度	控制	控制	控制	控制
Chi2	1206.48	1273.80	1356.29	1034.93
Prob > chi2	0.0000	0.0000	0.0000	0.0000
N	5917	5917	5915	5915

注：***、**、*分别表示在1%、5%、10%的水平上显著；括号内为相应系数的Z值。

三 不同股权性质下外部薪酬差距的检验

表6-5是基于股权性质的外部薪酬差距与公司价值的检验结果，表6-5模型①至模型⑥中，外部薪酬差距Dispersion3和Dispersion4的系数均在1%显著性水平上为正，而外部薪酬差距与国有股权性质的交乘项Dispersion×State的系数在不同的显著性水平上为负，说明国有股权性质对外部薪酬差距的正面激励效应具有抑制作用。

表6-5 基于股权性质的外部薪酬差距与公司业绩的检验结果

变量	模型①	模型②	模型③	模型④	模型⑤	模型⑥
	FV = ΔRoa	FV = ΔRoe	FV = ΔOpr	FV = ΔRoa	FV = ΔRoe	FV = ΔOpr
Dispersion3	0.0155***	0.0276***	0.0244***			
	(8.30)	(9.02)	(4.90)			
Dispersion3 × State	-0.0022***	-0.0021**	-0.0057***			
	(-3.69)	(-1.96)	(-2.10)			

续表

变量	模型① FV = ΔRoa	模型② FV = ΔRoe	模型③ FV = ΔOpr	模型④ FV = ΔRoa	模型⑤ FV = ΔRoe	模型⑥ FV = ΔOpr
Dispersion4				0.0109***	0.0194***	0.0171***
				(8.18)	(8.90)	(4.73)
Dispersion4 × State				-0.0014***	-0.0013*	-0.0035*
				(-2.99)	(-1.74)	(-1.73)
State	-0.0107***	-0.0177***	-0.0229***	-0.0102***	-0.0172***	-0.0217***
	(-6.65)	(-10.44)	(-11.25)	(-6.32)	(-11.09)	(-13.79)
Size	-0.0022***	0.000100	0.0123***	-0.0021***	0.000300	0.0123***
	(-4.72)	(0.07)	(13.21)	(-4.74)	(0.22)	(13.00)
Leverage	-0.0460***	0.0203*	-0.2551***	-0.0462***	0.0200*	-0.2553***
	(-14.43)	(1.78)	(-46.17)	(-14.57)	(1.74)	(-45.92)
Growth	0.0001***	0.0597***	0.0003***	0.0001***	0.0597***	0.0003***
	(6.28)	(4.28)	(6.49)	(6.28)	(4.27)	(6.49)
常数项	0.0953***	0.0269	-0.1054***	0.0890***	0.0148	-0.1129***
	(10.56)	(0.81)	(-6.11)	(10.55)	(0.46)	(-6.35)
行业	控制	控制	控制	控制	控制	控制
年度	控制	控制	控制	控制	控制	控制
N	6163	6163	6163	6163	6163	6163
withinr2	0.1622	0.1284	0.2358	0.1617	0.1279	0.2359

注：***、**、* 分别表示在1%、5%、10%的水平上显著（双尾）；括号内为相应系数的T值。

表6-6和表6-7是基于股权性质的管理者权力、外部薪酬差距与公司业绩的检验结果。其中表6-6是以Dispersion3作为外部薪酬差距替代变量的结果，表6-6中模型①至模型③中外部薪酬差距与管理者权力的交乘项Dispersion3 × Power1的系数除在模型③中不显著为负外，其余模型中均显著为负，而外部薪酬差距、管理者权力与国有性质三者的交乘项Dispersion3 × Power1 × State的系数在三个模型中均显著为负，且在模型③的显著性水平为1%。模型④至模型⑥中外部薪酬差距与管理者权力的交乘项Dispersion3 × Power2的系数均在

1%的水平上显著为负，外部薪酬差距、管理者权力与国有性质三者的交乘项 Dispersion3 × Power2 × State 的系数也均显著为负，说明国有股权性质进一步强化了管理者权力对外部薪酬差距正面价值激励效应的抑制作用。

表6-6 基于股权性质的管理者权力、外部薪酬差距（Dispersion3）与公司业绩的检验结果

变量	模型① FV = ΔRoa	模型② FV = ΔRoe	模型③ FV = ΔOpr	模型④ FV = ΔRoa	模型⑤ FV = ΔRoe	模型⑥ FV = ΔOpr
Dispersion3	0.0125***	0.0226***	0.0184***	0.0163***	0.0334***	0.0298***
	(11.02)	(10.69)	(9.99)	(13.61)	(12.39)	(12.25)
State	-0.0118***	-0.0223***	-0.0253***	-0.0123***	-0.0233***	-0.0265***
	(-7.89)	(-7.95)	(-14.68)	(-8.36)	(-7.99)	(-15.75)
Power1	0.0072***	0.0093***	0.0180**			
	(2.61)	(5.04)	(2.14)			
Dispersion3 × Power1	-0.0036*	-0.0060***	-0.00270			
	(-1.87)	(-5.00)	(-0.93)			
Dispersion3 × Power1 × State	-0.0076*	-0.0169**	-0.0094***			
	(-1.70)	(-2.54)	(-6.16)			
Power2				0.0100*	0.0118**	0.0318**
				(1.90)	(2.24)	(2.25)
Dispersion3 × Power2				-0.0066***	-0.0220***	-0.0225***
				(-8.92)	(-8.53)	(-9.86)
Dispersion3 × Power2 × State				-0.0054***	-0.0066**	-0.0064*
				(-5.39)	(-2.17)	(-1.69)
Size	0.0048***	0.0177***	0.0055*	0.0049***	0.0177***	0.00510
	(6.84)	(4.68)	(1.68)	(6.53)	(4.54)	(1.47)
Leverage	-0.1117***	-0.1174***	-0.0009***	-0.1115***	-0.1173***	-0.0009***
	(-47.40)	(-3.25)	(-6.60)	(-46.53)	(-3.25)	(-6.54)
Growth	0.0203***	0.0487***	0.0641***	0.0203***	0.0487***	0.0646***
	(10.46)	(10.45)	(5.62)	(10.46)	(10.48)	(5.80)
常数项	-0.0168	-0.2755***	-0.0885	-0.0210	-0.2786***	-0.0910
	(-1.16)	(-4.17)	(-1.24)	(-1.52)	(-4.19)	(-1.28)

续表

变量	模型①	模型②	模型③	模型④	模型⑤	模型⑥
	FV =ΔRoa	FV =ΔRoe	FV =ΔOpr	FV =ΔRoa	FV =ΔRoe	FV =ΔOpr
行业	控制	控制	控制	控制	控制	控制
年度	控制	控制	控制	控制	控制	控制
N	6163	6163	6163	6163	6163	6163
withinr2	0.2967	0.2087	0.2068	0.2957	0.2084	0.2075

注：***、**、* 分别表示在1%、5%、10%的水平上显著（双尾）；括号内为相应系数的T值。

表6-7是以 Dispersion4 作为外部薪酬差距替代变量的结果。表6-7中外部薪酬差距与管理者权力的交乘项 Dispersion4 × Power 的系数除在模型①和模型③中不显著为负外，在其他模型中均显著为负，而外部薪酬差距、管理者权力与国有性质三者的交乘项 Dispersion4 × Power × State 的系数均显著为负。结果与表6-6一致，说明在以 Dispersion4 作为外部薪酬差距替代变量时，国有股权性质强化了管理者权力对外部薪酬差距 Disperison4 的正面价值激励效应的抑制作用。综合表6-5，表6-6和表6-7的结果说明，上市公司的国有性质不仅抑制了外部薪酬差距正面价值激励效应的发挥，还强化了管理者权力对外部薪酬差距正面价值激励效应的抑制作用，假设6-2得到验证。

表6-7 基于股权性质的管理者权力、外部薪酬差距（Dispersion4）与公司业绩的检验结果

变量	模型①	模型②	模型③	模型④	模型⑤	模型⑥
	FV =ΔRoa	FV =ΔRoe	FV =ΔOpr	FV =ΔRoa	FV =ΔRoe	FV =ΔOpr
Dispersion4	0.0084***	0.0160***	0.0132***	0.0111***	0.0237***	0.0222***
	(10.97)	(10.14)	(9.39)	(12.86)	(11.60)	(7.96)
State	-0.0094***	-0.0222***	-0.0252***	-0.0094***	-0.0227***	-0.0259***
	(-6.45)	(-8.01)	(-14.53)	(-6.77)	(-7.91)	(-16.16)
Power1	0.0085***	0.0137***	0.0201***			
	(4.49)	(7.79)	(2.68)			

续表

变量	模型① FV=ΔRoa	模型② FV=ΔRoe	模型③ FV=ΔOpr	模型④ FV=ΔRoa	模型⑤ FV=ΔRoe	模型⑥ FV=ΔOpr
Dispersion4 ×Power1	-0.00220 (-1.60)	-0.0030** (-2.01)	-0.00160 (-0.99)			
Dispersion4 ×Power1 ×State	-0.0064* (-1.75)	-0.0148** (-2.12)	-0.0075*** (-4.47)			
Power2				0.0120*** (2.62)	0.0191*** (3.80)	0.0316*** (2.70)
Dispersion4 ×Power2				-0.0049*** (-10.75)	-0.0160*** (-8.37)	-0.0090*** (-4.51)
Dispersion4 ×Power2 ×State				-0.0035*** (-4.62)	-0.0044* (-1.81)	-0.0032** (-2.25)
Size	0.0032*** (6.70)	0.0179*** (4.73)	0.0055* (1.71)	0.0032*** (6.39)	0.0178*** (4.59)	0.00420 (1.27)
Leverage	-0.1056*** (-28.03)	-0.1174*** (-3.26)	-0.0009*** (-6.61)	-0.1054*** (-27.50)	-0.1176*** (-3.26)	-0.0009*** (-6.64)
Growth	0.0144*** (9.36)	0.0486*** (10.48)	0.0640*** (5.62)	0.0144*** (9.33)	0.0486*** (10.48)	0.0647*** (5.86)
常数项	0.00810 (0.86)	-0.2865*** (-4.30)	-0.0955 (-1.33)	0.00350 (0.39)	-0.2919*** (-4.33)	-0.0787 (-1.14)
行业	控制	控制	控制	控制	控制	控制
年度	控制	控制	控制	控制	控制	控制
N	6163	6163	6163	6163	6163	6163
withinr2	0.2806	0.2089	0.2071	0.2791	0.2082	0.2096

注：***、**、* 分别表示在1%、5%、10%的水平上显著（双尾）；括号内为相应系数的T值。

四 稳健性检验

为验证本章上述研究结果的稳健性，本节分别进行了如下稳健性检验：（1）将全部样本分别依据Power1和Power2从小到大进行排序，以管理者权力变量的中位数为界，如果大于中位数，则取值为1，否则取值为0，检验结果一致；（2）用董事前三薪酬总额代替高管前三名薪酬总额，重新构建外部薪酬差距变量，检验模型的结果未有明显不同；(3) 仅选择外部薪酬差距大于零的样本对管理者权力、外部薪酬差距与公司价值之间的关系进行检验，检验结果没有改变；(4) 在公司价值的计量中，学者们经常采用市场价值指标托宾 Q 值，我们将托宾 Q 值作为公司价值的替代变量，检验结果一致。基于此，我们认为本部分的研究结果具有稳健性。

由于国有上市公司的企业目标及治理机制与非国有公司的不同，使得管理者权力及薪酬差距对公司价值的影响在不同产权的上市公司中表现有所差异，基于此，我们用 2006—2010 年中国 A 股非金融类上市公司为样本，分别从内部薪酬差距与外部薪酬差距两个角度，对不同股权性质的管理者权力、薪酬差距与公司价值的关系进行了实证检验。研究发现，上市公司的国有性质抑制了内部（外部）薪酬差距正面价值激励效应的发挥，并且强化了管理者权力对内部（外部）薪酬差距正面价值激励效应的抑制作用。本章的研究结果为我国不同产权性质的上市公司管理层薪酬激励效应及公司控制权配置效率方面提供了新的证据，也补充了我国上市公司不同产权效率研究方面的文献。

作为我国国民经济的重要支柱，国有上市公司的发展与壮大对发挥社会主义制度的优越性、经济与国防实力的增强以及民族凝聚力的提升均具有不可取代的作用，而建立有效的薪酬激励体制是国企改革的关键。由于国有企业的特殊性及政府对国有上市公司管理者薪酬政策的制约，使得国企管理者除了货币薪酬之外，可能具有更大的动机去追求在职消费及职位升迁等激励方式，正如魏刚的研究中所指，非货币收益往往是官衔、地位或荣誉的函数，提供了足够的激励，使很多高层管理者对年度货币报酬的多少无所谓。[①] 而对于非货币薪酬的

---

① 魏刚：《高级管理层激励与上市公司经营业绩》，《经济研究》2000 年第 3 期。

追逐，必然降低激励契约中货币薪酬的激励效应，而国有上市公司管理者的权力更为其追求非货币收益提供了条件，上市公司国有性质抑制薪酬差距正面价值激励效应的结果，也从侧面对此提供了证据，这有助于我们更加清楚地认识到国有企业薪酬激励机制改革应关注的重点，在进行国企改革建立有效激励机制的同时，应当通过重构国有上市公司的权力监督体系，提高董事会及薪酬委员会的独立性，这样才能建立真正有效的管理者薪酬激励与约束机制。

第七章 不同治理环境下的实证研究

与西方发达国家成熟稳定的资本市场不同，我国资本市场新兴加转轨的特点，使我国上市公司的治理问题与西方国家有所差异，因而，对我国上市公司管理者激励问题的研究需要结合上市公司所处的特殊治理环境。没有良好的治理环境，公司治理的内部和外部机制便很难发挥作用。① 林俊清等的研究发现，我国上市公司内部薪酬差距具有激励效应，支持锦标赛理论；此外，影响我国薪酬差距的主要因素不是公司外部市场环境和企业自身经营运作上的特点，而是公司治理结构上的缺陷。② 因而，林俊清等推断认为由于公司治理结构方面的缺陷，使得我国上市公司锦标赛的激励能量不能随外部环境和内部组织变化而进行有效调整。而夏立军和方轶强的研究发现，公司所处外部治理环境的改善能够减轻政府控制对公司价值产生的负面影响，因此认为，解决我国上市公司公司治理问题的出路在于：从根本上改善公司治理环境。③ 李科和徐龙炳在公司资本机构与行业竞争方面提供了外部治理环境对公司的重要性④。而其他关于薪酬差距的研究也

---

① 夏立军、方轶强：《政府控制、治理环境与公司价值——来自中国证券市场的经验证据》，《经济研究》2005年第5期。
② 林俊清、黄祖辉、孙永祥：《高管团队内薪酬差距、公司绩效和治理结构》，《经济研究》2003年第4期。
③ 夏立军、方轶强：《政府控制、治理环境与公司价值——来自中国证券市场的经验证据》，《经济研究》2005年第5期。
④ 李科、徐龙炳：《资本结构，行业竞争与外部治理环境》，《经济研究》2009年第6期。

多是单纯研究薪酬差距的激励效应或基于公司的内部治理机制研究薪酬差距的激励效应①。

我国 20 世纪 70 年代以来进行的分权化改革导致各地区之间市场化程度出现差异,而市场化进程是公司治理中发挥"基础性"治理效应的环境因素②,市场化程度的不同直接导致公司所处的治理环境呈现差异。此外,由于不同行业的竞争程度不同,如石油化工、能源和原材料行业的竞争程度较低,而电子和制造业等的竞争程度较高,行业竞争程度的不同也使得上市公司所处的外部治理环境截然不同。高管的薪酬契约内生于企业所处的环境,渐进式的中国经济改革对上市公司管理者薪酬契约的设计及其经济后果会产生深刻影响,也为我们研究不同的治理环境对薪酬差距的价值激励效应的影响,及不同的治理环境对管理者权力与薪酬差距价值激励效应关系的影响提供了条件。

基于此,本章在充分考虑我国上市公司所在地区的市场化进程及所处行业的竞争程度,将转轨经济背景(外部治理环境)与管理者薪酬契约的激励效应(内部治理机制)相结合,分别从内部薪酬差距与外部薪酬差距两个方面,基于市场化进程与行业特征研究管理者权力、薪酬差距与公司价值之间的关系。研究结果表明:在市场化程度越高的地区,内部(外部)薪酬差距的正面价值激励效应越强,并且市场化进程弱化了管理者权力对内部(外部)薪酬差距正面价值激励效应的抑制作用;与处于竞争性行业的上市公司相比,保护性行业的上

---

① 陈震、张鸣:《高管层内部的级差报酬研究》,《中国会计评论》2006 年第 4 期;卢锐:《管理层权力、薪酬差距与绩效》,《南方经济》2007 年第 7 期;张正堂:《企业内部薪酬差距对组织未来绩效影响的实证研究》,《会计研究》2008 年第 9 期;张正堂、李欣:《高层管理团队核心成员薪酬差距与企业绩效的关系》,《经济管理》2007 年第 2 期。
② 杨兴全、曾义、吴昊旻:《市场化进程、终极股东控制与公司资本投资价值》,《商业经济与管理》2011 年第 3 期。

市公司，内部（外部）薪酬差距的正面价值激励效应较弱，并且管理者权力对内部（外部）薪酬差距正面价值激励效应的抑制作用更强。

第一节 理论分析与研究假设

我国作为一个新兴的转型经济国家，市场化改革整体取得较大的成功，然而在这个过程中，由于国家对各地区的政策有所区别，加之各地区资源禀赋及地理位置的不同，市场化改革在整体推进的过程中，呈现出各地区之间发展程度的不平衡性。樊纲等将市场化进程分为以下五个方面：政府与市场的关系、非国有经济的发展、产品市场的发育程度、要素市场的发育程度、市场中介组织发育和法律制度环境。市场化改革的程度影响着公司所处的外部治理环境。首先，市场化程度较高的地区，政府干预及其公共治理目标减少，上市公司的治理结构更完善，竞争的市场能够提供更多有关上市公司外部环境的信息，霍姆斯特姆（Bengt Holmstrom）研究发现，随着市场竞争程度的增强，企业绩效在反映管理者努力程度方面的噪音也随着减少。[①] 刘星和徐光伟的研究也表明，在市场化程度较高的地区，由于政府干预程度的降低以及公司治理结构的完善，国企管理者的薪酬与业绩之间的敏感性显著增强，并且，市场化改革减少了管理者薪酬的刚性现象。[②] 这样，在市场化进程发达的地区，上市公司的盈余状况能更好地反映管理者的实际努力程度，管理者的薪酬水平更能反映其自身的才能和付出与公司价值创造的关系，辛清泉和谭伟强就市场化改革对

[①] Holmstrom B., "Agency Costs and Innovation", *Journal of Economic Behavior & Organization*, Vol. 12, No. 3 (Dec., 1989).

[②] 刘星、徐光伟：《政府管制、管理层权力与国企高管薪酬刚性》，《经济科学》2012年第1期。

国有企业经理薪酬契约的影响进行理论分析和实证检验，研究发现，市场化进程增强了国有企业管理者薪酬——业绩的敏感性[①]。其次，管理者激励契约是由多种激励方式组成的，如显性的货币薪酬和隐性的在职消费，市场化程度发达的地区，由于各种监管机制完善及信息披露制度的透明度增加，高管的薪酬契约也更加趋向于透明，而隐性的在职消费等激励方式的使用可能会抑制，陈冬华等认为，由于货币薪酬的契约成本高于在职消费的契约成本，因而隐性的在职消费在国有企业高管的薪酬契约中得到更多的运用，然而，随着市场化程度的提高，货币薪酬契约成本比隐性的在职消费契约减少得更多，因而在市场化指数越高的年份和地区，货币薪酬契约更多地代替了在职消费契约。[②] 在市场化改革过程中，在职消费向货币薪酬转化的趋势会拉大本书所研究的货币薪酬差距，增强薪酬差距的正面价值激励效应。因此，市场化程度较高的地区，更大的薪酬差距可能反映出管理者比内部普通员工及同行业管理人员拥有更强的管理才能及付出更多努力，高管与内部普通员工及与外部同行管理者的薪酬差异能更好地反映公司价值，薪酬差距对公司价值的正面激励效应可能更强。

从管理者权力对薪酬差距价值激励效应的影响来说，随着市场化进程的推进，市场竞争程度增强，而完善的竞争市场是一种有效的公司外部治理机制，公司治理结构较好的公司，较高的法治化水平增强了法律法规的执行力度，对投资者的保护增强，能够有效地约束经营权与所有权分离导致的管理者代理问题[③]，富肯德和杨研究发现，治理结构越弱的公司，管理者对薪酬契约的影响能力越强，从而会选择

[①] 辛清泉、谭伟强：《市场化改革、企业业绩与国有企业经理薪酬》，《经济研究》2009年第11期。

[②] 陈冬华、梁上坤、蒋德权：《不同市场化进程下高管激励契约的成本与选择：货币薪酬与在职消费》，《会计研究》2010年第11期。

[③] Fama, Eugene F., "Agency Problem and the Theory of the Firm", *Journal of Political Economics*, Vol. 88, No. 2 (Apr., 1980).

更高的薪酬水平。① 格林施泰因和赫里巴尔（Paul Hribar）的研究发现，CEO能够利用其拥有的权力影响董事会决策，从而在并购交易后为自己赢取更多奖金，但是这种奖金并没有带来与公司业绩的提升。② 因此，地区市场化程度越高，该地区的公司治理结构越完善，从而对管理者利用权力操纵薪酬的行为起到一定的制约作用，这样，薪酬差距的拉大不再是管理者利用权力影响薪酬契约进而谋取私利的结果，而是真实反映了管理者的付出和才能对公司价值的提升作用。基于此，我们提出以下假设：

假设7-1：在市场化程度越高的地区，内部（外部）薪酬差距的正面价值激励效应越强，并且市场化进程弱化了管理者权力对内部（外部）薪酬差距正面价值激励效应的抑制作用。

除市场化进程外，作为上市公司所处的重要外部市场环境，其行业竞争程度也会对管理者薪酬激励机制产生深刻影响。首先，在充分竞争的环境中，行业之间的成本和收益水平趋于一致，利润能够作为反映公司经营状况的充分信息指标，作为所有者的股东与作为经营人员的管理者之间的信息不对称程度被降低，通过将公司经营状况与行业的利润水平相比，可为股东提供关于管理者努力程度及经营水平的客观评价，有利于形成基于公司价值提升的管理者薪酬激励契约。刘星和谢斯静的研究发现，行业竞争度与薪酬—业绩敏感性显著正相关，较高的竞争强度能够对薪酬契约的激励效应起到一定的强化作用。③ 刘凤委等的研究发现行业竞争程度越高，政府干预越少，经营者薪酬与企业业绩的敏感度越高；而外部竞争程度越低，会计业绩与

---

① Faulkender M., Yang J., "Insider the Black Box: the Role and Composition of Compensation Peer Groups", *Journal of Financial Economics*, Vol. 96, No. 2 (May., 2010).

② Grinstein Y., Hribar P., "CEO Compensation and Incentives: Evidence from M&A Bonuses", *Journal of Financial Economics*, Vol. 73, No. 1 (Jul., 2004).

③ 刘星、谢斯静：《股权集中、行业竞争与薪酬业绩牵扯：由我国上市公司生发》，《改革》2011年第4期。

经营者的奖惩相关性越弱。① 不同行业的公司所处的制度环境存在较大差异，保护性行业的产品竞争程度较低，公司面临着更为确定的环境，当企业所处的行业竞争不充分时，保护性行业的高管薪酬与公司绩效的敏感性更弱。其次，在竞争的市场环境中，经理人市场更为发达，经营能力强的管理者更容易被识别，而作为公司经营所需的稀缺资源，公司也更可能为优秀的管理人员提供区别于内部普通员工及行业一般管理者的高额薪酬水平，以激励管理人员努力工作，降低激烈的竞争带来的企业亏损和破产风险，提升公司价值。罗森认为，根据供求规律，经营负责且具有较多成长机会的公司对高水平管理才能的需求更为迫切，公司签约的管理者会取得更高的激励补偿。② 李维安等的研究也发现，高管薪酬水平与企业对经理才能的需求正相关，规模庞大、运营复杂或者富于增长潜力的企业更愿意支付较高的薪酬以吸引高素质的管理者。③

此外，前面的研究已经表明管理者权力降低了薪酬差距的正面价值激励效应，在竞争的环境中，迫于公司亏损和破产的风险，管理者会减弱利用权力追求私人利益而损害公司价值的行为，陈震和丁忠明对垄断行业和完全竞争行业的高管薪酬契约对比研究发现，与完全竞争行业相比，垄断企业的高管能够利用管理层权力制定出有利于自身的薪酬契约，高管薪酬的规模权重也比业绩权重更高，公司绩效不能准确反映管理者才能及其努力程度④，因此通过绩效来确定管理者激励水平的最优契约失效，难以对管理者进行有效的评价与监督，而高

---

① 刘凤委、孙铮、李增泉：《政府干预、行业竞争与薪酬契约——来自国有上市公司的经验证据》，《管理世界》2007年第9期。

② Rosen S., Contracts and the market for executives, Oxford: Blackwell Press, 1992.

③ 李维安、刘绪光、陈靖涵：《经理才能、公司治理与契约参照点——中国上市公司高管薪酬决定因素的理论与实证分析》，《南开管理评论》2010年第2期。

④ 陈震、丁忠明：《基于管理层权力理论的垄断企业高管薪酬研究》，《中国工业经济》2011年第9期。

度竞争能够抑制管理层权力对薪酬的直接影响。因而，竞争的环境使得薪酬差距的价值激励效应能够更好发挥，基于以上分析，我们提出下面的假设：

假设7-2：与处于竞争性行业的上市公司相比，保护性行业的上市公司中，内部（外部）薪酬差距的正面价值激励效应较弱，并且管理者权力对内部（外部）薪酬差距正面价值激励效应的抑制作用更强。

第二节 研究设计

本章的样本选择、数据来源与处理、统计软件的使用同第四章。模型设计与变量定义如下。

（一）治理环境变量

本章分别从市场化指数和行业竞争两个方面来刻画上市公司所处的治理环境。

Env表示外部治理环境，分别用市场化进程Market和行业竞争Protect来体现。

对于市场化指数的衡量，我们引入樊纲等中国市场化指数，因樊纲等的数据截至2009年，对于2010年的市场化指数，用2009年的指数加上2007年、2008年、2009年这三年相对于前一年指数增加值的平均数得出。当该地区市场化进程大于中位数时，Market取值为1，否则为0。

本章对行业竞争的定义，参照陈冬华、陈信元和万华林以及辛清泉和谭伟强的方法，即把行业属性分为竞争性行业和被保护性行业两大类，其中被保护性行业包括石油化工、能源和原材料，其余为竞争性行业。具体而言，本章根据证监会公布的二级行业代码确定如下行业为被保护性行业：B-采掘业、C41-石油加工业及炼焦业、C65-黑色金属冶炼及压延加工业、C67-有色金属冶炼及压延加工业、D-

电力、煤气及水的生产和供应业。若上市公司所处行业为保护性行业，则 Protect 取值为 1，否则为 0。

（二）基于不同治理环境的内部薪酬差距与公司价值的检验模型

考虑到薪酬差距与公司价值之间的内生性问题，本章通过建立联立方程（7.1），并用三阶段最小二乘法（3SLS）来检验基于治理环境的内部薪酬差距与公司价值的关系。

$$\begin{cases} Dispersion = \alpha_0 + \alpha_1 FV + \alpha_2 Leverage + \alpha_3 Size + \alpha_4 Growth + \\ \qquad \alpha_5 Competitor + \sum Industry + \sum Year + \varepsilon_1 \\ FV = \beta_0 + \beta_1 Dispersion + \beta_2 Env + \beta_3 Dispersion \times Env + \\ \qquad \beta_4 Leverage + \beta_5 Size + \beta_6 Growth + \sum Industry + \\ \qquad \sum Year + \varepsilon_2 \end{cases} \quad (7.1)$$

第一个方程为薪酬差距方程。被解释变量为薪酬差距 Dispersion，我们分别使用绝对薪酬差距和相对薪酬差距对上市公司内部核心高管与普通员工薪酬差距进行测度，形成两个内部薪酬差距指标 Dispersion1 和 Dispersion2。解释变量公司价值的代理变量，分别用净资产收益率 Roe、总资产收益率 Roa 和主营业务利润率 Opr，同时控制财务杠杆 Leverage、公司规模 Size、成长性 Growth、竞争者人数 Competitor，此外对年度和行业效应进行控制。

第二个方程为公司价值方程，被解释变量为公司价值的代理变量。解释变量为绝对薪酬差距 Dispersion1 和相对薪酬差距 Dispersion2。为检验治理环境对内部薪酬差距的价值激励效应的影响，在模型中加入治理环境变量 Env 及内部薪酬差距与治理环境的交乘项 Dispersion × Env。此外，在控制年度和行业的基础上，该模型中还加入了其他影响因素，包括财务杠杆 Leverage、公司规模 Size 和公司成长性 Growth。

本联立方程组主要用来检验治理环境对内部薪酬差距的价值激励

效应的影响，因此我们主要分析第二个公司价值方程，第一个方程主要为控制薪酬差距与公司价值之间的内生性问题。由于本章分别从市场化指数和行业竞争两个方面来刻画上市公司所处的治理环境，当用市场化程度代表治理环境时，根据假设 7-1，上市公司所在地区的市场化程度越高，内部薪酬差距的正面价值激励效应越强，因此我们预期第二个方程中内部薪酬差距与市场化程度的交乘项 Dispersion × Market 的系数为正；当用行业竞争表示治理环境时，根据假设 7-2，与处于竞争性行业的上市公司相比，保护性行业的上市公司中，内部薪酬差距的正面价值激励效应较弱，因此我们预期公司价值方程中内部薪酬差距与行业竞争的交乘项 Dispersion × Protect 的系数为负。

（三）基于不同治理环境的管理者权力、内部薪酬差距与公司价值检验模型

为检验治理环境对管理者权力、内部薪酬差距与公司价值激励效应的影响，在第四章模型（4.2）中的公司价值方程加入治理环境变量 Env、内部薪酬差距与管理者权力及治理环境三者的交乘项 Dispersion × Power × Env，构造如下模型（7.2），并用三阶段最小二乘法（3SLS）对模型（7.2）进行估计。由于此模型主要用来检验治理环境对管理者权力与内部薪酬差距价值激励效应之间关系的影响，因此我们主要关注第二个公司价值，薪酬差距方程和管理者权力方程主要用来控制变量之间的内生性问题。由于本章分别从市场化指数和行业竞争两个方面来刻画上市公司所处的治理环境，当用市场化程度代表治理环境时，根据假设 7-1，市场化进程弱化了管理者权力对内部薪酬差距正面价值激励效应的抑制作用，因此我们预期公司价值方程中 Dispersion × Power 的系数为负，且 Dispersion × Power × Market 的系数为正；当用行业竞争表示治理环境时，根据假设 7-2，与处于竞争性行业的上市公司相比，保护性行业的上市公司中，管理者权力对内部薪酬差距正面价值激励效应的抑制作用更强，因此我们预期公

司价值方程中 Dispersion×Power 的系数为负，且 Dispersion×Power×Protect 的系数为负。

$$\begin{cases} Dispersion = \alpha_0 + \alpha_1 FV + \alpha_2 Power + \alpha_3 Leverage + \alpha_4 Size + \\ \qquad\qquad \alpha_5 Growth + \alpha_6 Competitor + \sum Industry + \\ \qquad\qquad \sum Year + \varepsilon_1 \\ FV = \beta_0 + \beta_1 Dispersion + \beta_2 Power + \beta_3 Env + \beta_4 Dispersion \times \\ \qquad Power + \beta_5 Dipersion \times Power \times Env + \beta_4 Leverage + \\ \qquad \beta_5 Size + \beta_6 Growth + \sum Industry + \sum Year + \varepsilon_2 \\ Power = \gamma_0 + \gamma_1 FV + \gamma_2 Dispersion + \gamma_3 Leverage + \gamma_4 Size + \\ \qquad\qquad \gamma_5 Growth + \gamma_6 Capex + \gamma_7 Age + \sum Industry + \\ \qquad\qquad \sum Year + \varepsilon_3 \end{cases} \quad (7.2)$$

（四）基于不同治理环境的外部薪酬差距与公司价值的检验模型

本章构建如下模型（7.3）检验治理环境对外部薪酬差距价值激励效应的影响：

$$\begin{aligned} FV = {} & \alpha_0 + \alpha_1 Dispersion + \alpha_2 Env + \alpha_3 Dispersion \times \\ & Env + \alpha_4 Size + \alpha_5 Leverage + \alpha_6 Growth + \\ & \sum Industry + \sum Year + \varepsilon \end{aligned} \quad (7.3)$$

模型中，FV 为公司价值的变化量，分别用总资产收益率、净资产收益率和主营业务利润率的变化表示，即 $FV = \Delta Roa = Roa_t - Roa_{t-1}$ 或 $FV = \Delta Roe = Roe_t - Roe_{t-1}$ 或 $FV = \Delta Opr = Opr_t - Opr_{t-1}$；Dispersion 表示外部薪酬差距，分别用基于行业平均值的外部薪酬差距变量 Dispersion3 和基于行业中值的外部薪酬差距 Dispersion4 表示；为检验治理环境对外部薪酬差距价值激励效应的影响，加入治理环境变量 Env，外部薪酬差距 Dispersion 与治理环境 Env 的交乘项 Dispersion×Env，此模型中我们主要关注 Dispersion×Env 的系数。

由于本章分别从市场化指数和行业竞争两个方面来刻画上市公

所处的治理环境，当用市场化程度代表治理环境时，根据假设7-1，上市公司所在地区的市场化程度越高，外部薪酬差距的正面价值激励效应越强，因此我们预期外部薪酬差距与市场化程度的交乘项Dispersion×Market的系数为正；当用行业竞争表示治理环境时，根据假设7-2，与处于竞争性行业的上市公司相比，保护性行业的上市公司中，外部薪酬差距的正面价值激励效应较弱，因此我们预期公司价值方程中外部薪酬差距与行业竞争的交乘项Dispersion×Protect的系数为负。此外，模型中控制了公司规模、财务杠杆、成长性及行业和年度效应。

（五）不同治理环境的检验模型

为检验不同治理环境下，管理者权力、外部薪酬差距与公司价值的关系，本章构建如下模型：

$$FV = \alpha_0 + \alpha_1 Dispersion + \alpha_2 Power + \alpha_3 Env + \alpha_4 Dispersion \times Power + \alpha_5 Dispersion \times Power \times Env + \alpha_6 Size + \alpha_7 Leverage + \alpha_8 Growth + \sum Industry + \sum Year + \varepsilon \quad (7.4)$$

模型（7.4）是在第五章模型（5.2）的基础上除加入治理环境Env外，加入外部薪酬差距、管理者权力与治理环境三者的交乘项Dispersion×Power×Env。由于本章分别从市场化指数和行业竞争两个方面来刻画上市公司所处的治理环境，当用市场化程度代表治理环境时，根据假设7-1，市场化进程弱化了管理者权力对外部薪酬差距正面价值激励效应的抑制作用，因此我们预期公司价值方程中Dispersion×Power的系数为负，且Dispersion×Power×Market的系数为正；当用行业竞争表示治理环境时，根据假设7-2，与处于竞争性行业的上市公司相比，保护性行业的上市公司中，管理者权力对外部薪酬差距正面价值激励效应的抑制作用更强，因此我们预期公司价值方程中Dispersion×Power的系数为负，且Dispersion×Power×Protect的系数为负。

本章所使用其他变量的具体定义同第四章与第五章的变量定义。

第三节　实证结果与分析

一　单变量统计结果

表 7-1 是不同市场化程度下的管理者权力与公司价值的单变量检验结果，其中 Panel A 和 Panel B 是对市场化程度较高组样本的管理者权力与公司价值的单变量检验结果，Panel C 和 Panel D 是对市场化程度较低组样本的管理者权力与公司价值的单变量检验结果。Panel A 是根据主成分合成管理者权力指标 Power1 的中位数将市场化程度较高组样本分为管理者权力较大组和管理者权力较小组，分别对两组公司价值的均值和中位数进行统计，结果发现管理者权力较大组的各公司价值变量的均值及中位数均大于管理者权力较小组的公司价值，且总资产收益率 Roa 的均值和中位数、净资产收益率 Roe 的中位数和主营业务利润率 Opr 的均值均通过了差异的显著性检验；Panel B 是根据均值管理者权力指标 Power2 的中位数将市场化程度较高组样本分为管理者权力较大组和管理者权力较小组，分别对两组公司价值的均值和中位数进行统计，结果发现，管理者权力较大组的各公司价值变量的均值及中位数均大于管理者权力较小组的公司价值，且总资产收益率 Roa 和净资产收益率 Roe 的均值和中位数均通过了相应的均值 T 检验和中位数秩和检验；Panel C 是根据主成分合成管理者权力指标 Power1 的中位数将市场化程度较低组样本分为管理者权力较大组和管理者权力较小组，分别对两组公司价值的均值和中位数进行统计，结果发现，管理者权力较大组的各公司价值变量的均值和主营业务利润率 Opr 的中位数均小于管理者权力较小组的公司价值；Panel D 是根据均值管理者权力指标 Power2 的中位数将市场化程度较低组样本分为管理者权力较大组和管理者权力较小组，分别对两组公司价值的均值和中位数进行统计，结果发现，管理者权力较大组的各公司价值变

量的均值及主营业务利润率 Opr 的中位数均小于管理者权力较小组的公司价值,且主营业务利润率 Opr 均值的 T 检验和中位数秩和检验均显著。前文的假设表明,市场化进程弱化了管理者权力对薪酬差距正面价值激励效应的抑制作用,而综合表 7-1 的结果表明,在市场化程度较低的上市公司中,管理者权力对公司价值具有一定的负面影响,而市场化程度的提高减弱了管理者权力对公司价值的负面影响,初步支持了本章的假设。

表 7-1　不同市场化程度下管理者权力与公司价值的单变量检验结果

市场化程度高						
Panel A:按管理者权力 Power1 分组						
变量	管理者权力大组		管理者权力小组		T-test T 值	Wilcoxon test Z 值
	均值	中位数	均值	中位数		
Roa	0.0479	0.0425	0.0426	0.0368	-2.8743***	-3.177***
Roe	0.0887	0.0886	0.0846	0.0799	-1.0643	-2.431**
Opr	0.0944	0.0645	0.0846	0.0628	-1.8766*	-0.947
Panel B:按管理者权力 Power2 分组						
变量	管理者权力大组		管理者权力小组		T-test T 值	Wilcoxon test Z 值
	均值	中位数	均值	中位数		
Roa	0.0482	0.0426	0.0422	0.0360	-3.2708***	-4.342***
Roe	0.0902	0.0891	0.0831	0.0776	-1.8494**	-3.358***
Opr	0.0914	0.0662	0.0869	0.0608	-0.8670	-1.480
市场化程度低						
Panel C:按管理者权力 Power1 分组						
变量	管理者权力大组		管理者权力小组		T-test T 值	Wilcoxon test Z 值
	均值	中位数	均值	中位数		
Roa	0.0381	0.0347	0.0386	0.0330	0.2538	-0.783
Roe	0.0711	0.0791	0.0719	0.0673	0.1578	-1.903*
Opr	0.0745	0.0575	0.0823	0.0627	1.2798	1.137
Panel D:按管理者权力 Power2 分组						
变量	管理者权力大组		管理者权力小组		T-test T 值	Wilcoxon test Z 值
	均值	中位数	均值	中位数		
Roa	0.0378	0.0333	0.0388	0.0338	0.5220	0.590

续表

市场化程度低					
Panel D：按管理者权力 Power2 分组					
变量	管理者权力大组		管理者权力小组		T-test T 值	Wilcoxon test Z 值
	均值	中位数	均值	中位数		
Roe	0.0698	0.0752	0.0728	0.0703	0.6070	-0.674
Opr	0.0734	0.0544	0.0835	0.0657	1.6771**	2.722***

注：Panel A 和 Panel B 是上市公司所在地区市场化进程指数大于中位数的上市公司分别以相应管理者权力变量的中位数为界，将所在地区市场化进程指数较高的公司样本分为管理者权力较大组和管理者权力较小组，分组统计各组公司价值变量的均值和中位数；Panel C 和 Panel D 是上市公司所在地区市场化进程指数小于中位数的上市公司分别以相应管理者权力变量的中位数为界，将所在地区市场化进程指数较低的公司样本分为管理者权力较大组和管理者权力较小组；表中各公司价值变量的均值和中位数分别进行了均值的 T 检验和中位数 Wilcoxon 秩和检验；***、**、* 分别表示在 1%、5% 和 10% 的水平上显著。

表 7-2 是行业竞争环境下的管理者权力与公司价值的单变量检验结果，其中 Panel A 和 Panel B 是对保护性行业上市公司的管理者权力与公司价值的单变量检验结果，Panel C 和 Panel D 是对完全竞争行业样本组的管理者权力与公司价值的单变量检验结果。Panel A 是根据主成分合成管理者权力指标 Power1 的中位数将保护性行业上市公司分为管理者权力较大组和管理者权力较小组，分别对两组公司价值的均值和中位数进行统计，结果发现管理者权力较大组的各公司价值变量的均值及中位数均小于管理者权力较小组的公司价值，且各公司价值变量的均值 T 检验和中位数秩和检验均显著；Panel B 是根据均值管理者权力指标 Power2 的中位数将保护性行业上市公司分为管理者权力较大组和管理者权力较小组，分别对两组公司价值的均值和中位数进行统计，结果发现，管理者权力较大组的各公司价值变量的均值及中位数均小于管理者权力较小组的公司价值；Panel C 是根据主成分合成管理者权力指标 Power1 的中位数将完全竞争行业的上市公

司分为管理者权力较大组和管理者权力较小组，分别对两组公司价值的均值和中位数进行统计，结果发现，管理者权力较大组的各公司价值变量的均值和中位数均大于管理者权力较小组的公司价值，且均通过均值和中位数差异的显著性检验；Panel D 是根据均值管理者权力指标 Power2 的中位数将完全竞争行业的上市公司分为管理者权力较大组和管理者权力较小组，分别对两组公司价值的均值和中位数进行统计，结果发现，管理者权力较大组的各公司价值变量的均值及中位数均大于管理者权力较小组的公司价值，且总资产收益率 Roa 与净资产收益率 Roe 的均值 T 检验和中位数秩和检验均显著。前文的假设表明，与处于竞争性行业的上市公司相比，保护性行业的上市公司中，管理者权力对薪酬差距正面价值激励效应的抑制作用更强，而综合表 7-2 的结果表明，与完全竞争行业的上市公司相比，保护性行业上市公司中，管理者权力对公司价值的负面影响更强，初步支持了本章的假设。

表 7-2　不同行业竞争环境下管理者权力与公司价值的单变量检验结果

上市公司所处行业为保护性行业						
Panel A：按管理者权力 Power1 分组						
变量	管理者权力大组		管理者权力小组		T-test T 值	Wilcoxon test Z 值
	均值	中位数	均值	中位数		
Roa	0.0416	0.0364	0.0536	0.0442	2.9367 ***	2.733 ***
Roe	0.0793	0.0823	0.0995	0.0966	2.1144 **	2.148 **
Opr	0.0733	0.0571	0.1021	0.0751	2.6120 ***	2.646 ***
Panel B：按管理者权力 Power2 分组						
变量	管理者权力大组		管理者权力小组		T-test T 值	Wilcoxon test Z 值
	均值	中位数	均值	中位数		
Roa	0.0442	0.0363	0.0532	0.0457	2.1941 **	2.655 ***
Roe	0.0829	0.0839	0.0999	0.0959	1.7810 **	1.898 *
Opr	0.0807	0.0641	0.0999	0.0731	1.7368 **	1.879 *

续表

上市公司所处行业为竞争性行业					
Panel C：按管理者权力 Power1 分组					
变量	管理者权力大组		管理者权力小组		T-test T 值	Wilcoxon test Z 值
	均值	中位数	均值	中位数		
Roa	0.0493	0.0462	0.0410	0.0361	-6.0575***	-8.628***
Roe	0.0865	0.0855	0.0776	0.0738	-2.9694***	-6.174***
Opr	0.0950	0.0790	0.0849	0.0645	-2.5544**	-5.090***
Panel D：按管理者权力 Power2 分组					
变量	管理者权力大组		管理者权力小组		T-est T 值	Wilcoxon test Z 值
	均值	中位数	均值	中位数		
Roa	0.0477	0.0441	0.0428	0.0379	-3.5652***	-5.057***
Roe	0.0849	0.0845	0.0793	0.0752	-1.8899*	-4.152***
Opr	0.0908	0.0718	0.0891	0.0710	-0.4274	-0.872

注：Panel A 和 Panel B 是对所属行业为保护性行业的上市公司分别以相应管理者权力变量的中位数为界，将保护性行业样本分为管理者权力较大组和管理者权力较小组，分组统计各组公司价值变量的均值和中位数；Panel C 和 Panel D 是对所属行业为竞争行业的上市公司分别以相应管理者权力变量的中位数为界，将竞争性行业样本分为管理者权力较大组和管理者权力较小组，分组统计各组公司价值变量的均值和中位数；表中各公司价值变量的均值和中位数分别进行了均值的 T 检验和中位数 Wilcoxon 秩和检验；***、**、* 分别表示在 1%、5% 和 10% 的水平上显著。

二 不同治理环境下内部薪酬差距的检验

表 7-3 市场化进程、内部薪酬差距与公司价值的检验结果。其中，模型①至模型③中的内部薪酬差距为绝对内部薪酬差距 Dispersion1，公司价值分别用 Roa、Roe 和 Opr 表示，由结果可见，三个模型中内部薪酬差距 Dispersion1 的系数不显著，而内部薪酬与市场化指数的交乘项 Dispersion1×Market 的系数显著为正，且显著性水平均为 1%；模型④至模型⑥中的内部薪酬差距为相对内部薪酬差距 Dispersion2，公司价值分别用 Roa、Roe 和 Opr 表示，由结果可见，内部薪酬差距 Dispersion 2 仅在模型⑥中显著为正，在其他模型中不显著，

而内部薪酬与市场化指数的交乘项 Dispersion 2 × Market 的系数均在 1% 的显著性水平上为正。综上，表 7 - 3 的结果表明，市场化进程增强了内部薪酬差距的正面价值激励效应。

表 7 - 3 市场化进程、内部薪酬差距与公司价值

变量	模型① FV = Roa	模型② FV = Roe	模型③ FV = Opr	模型④ FV = Roa	模型⑤ FV = Roe	模型⑥ FV = Opr
Dispersion1	-0.00320	-0.0288	-0.0381			
	(-0.46)	(-1.62)	(-1.31)			
Dispersion2				-0.000300	-0.00100	0.2544***
				(-1.05)	(-1.53)	(3.01)
Market	0.4255***	0.6496***	-1.0433***	0.0107***	0.0335***	1.1999***
	(5.57)	(3.40)	(-3.36)	(3.79)	(4.80)	(5.66)
Dispersion1 × Market	0.0342***	0.0521***	0.0866***			
	(5.56)	(3.40)	(3.35)			
Dispersion2 × Market				0.0011***	0.0036***	0.0237***
				(3.17)	(4.33)	(6.16)
Leverage	-0.0814***	-0.0134***	-0.2876***	-0.1187***	-0.1230***	-3.4494***
	(-20.77)	(-2.73)	(-24.92)	(-29.95)	(-12.14)	(-2.80)
Size	0.00130	0.0158***	0.0180***	0.0074***	0.0204***	-0.171
	(0.87)	(4.23)	(3.52)	(10.75)	(11.91)	(-0.73)
Growth	0.0227***	0.0781***	0.0810***	0.0203***	0.0718***	1.2268**
	(15.37)	(20.44)	(14.58)	(9.57)	(13.62)	(2.47)
常数项	-0.3333***	-0.5900***	0.2318	-0.0862***	-0.3708***	2.0352
	(-13.44)	(-9.96)	(0.96)	(-5.64)	(-9.86)	(0.43)
行业	控制	控制	控制	控制	控制	控制
年度	控制	控制	控制	控制	控制	控制
Chi2	2761.88	1168.08	2696.26	1820.25	1296.72	153.47
Prob > chi2	0.0000	0.0000	0.0000	0.0000	0.0000	0.0000
N	5915	5915	5915	5915	5915	5915

注：***、**、*分别表示在 1%、5%、10% 的水平上显著（双尾）；括号内为相应系数的 T 值。

表 7 - 4 是行业竞争对内部薪酬差距激励效应的检验结果。其中，

模型①至模型③中的内部薪酬差距为绝对内部薪酬差距 Dispersion1，公司价值分别用 Roa、Roe 和 Opr 表示，由结果可见，三个模型中内部薪酬差距 Dispersion1 的系数均显著为正，且在模型①和模型②中，显著性水平为1%，内部薪酬与行业竞争变量的交乘项 Dispersion1 × Protect 的系数在模型①和模型②中显著为负，且显著性水平达到1%，在模型③中不显著为负；模型④至模型⑥中的内部薪酬差距为相对内部薪酬差距 Dispersion2，公司价值分别用 Roa、Roe 和 Opr 表示，由结果可见，内部薪酬差距 Dispersion2 在三个模型中均在1%的显著性水平上为正，而内部薪酬与行业竞争的交乘项 Dispersion2 × Protect 的系数均显著为负，且在模型⑤中显著性水平为1%。综合表7-4的结果表明，与处于竞争性行业的上市公司相比，保护性行业的上市公司中内部薪酬差距对公司价值激励效应较弱。

表7-4　行业竞争对内部薪酬差距激励效应的影响结果

变量	模型①	模型②	模型③	模型④	模型⑤	模型⑥
	FV = Roa	FV = Roe	FV = Opr	FV = Roa	FV = Roe	FV = Opr
Dispersion1	0.4163 ***	0.2329 ***	1.2796 *			
	(8.44)	(4.19)	(1.79)			
Dispersion2				0.3499 ***	0.0143 ***	0.2074 ***
				(3.32)	(2.88)	(3.25)
Protect	2.6999 ***	1.6062 ***	10.77	4.3761 ***	0.1809	2.5017 **
	(5.16)	(2.79)	(1.57)	(2.71)	(1.49)	(2.49)
Dispersion1 × Protect	-0.2162 ***	-0.1288 ***	-0.8643			
	(-5.05)	(-2.81)	(-1.53)			
Dispersion2 × Protect				-0.4592 **	-0.0186 ***	-0.2537 *
				(-1.97)	(-2.72)	(-1.80)
Leverage	0.2225 ***	0.1037 **	0.3454	-7.1891 ***	-0.8253 ***	-4.3486 ***
	(4.99)	(2.10)	(0.57)	(-3.79)	(-8.42)	(-3.88)
Size	-0.1666 ***	-0.0698 ***	-0.371	-0.1054	0.0312 *	-0.1571
	(-10.78)	(-3.85)	(-1.62)	(-0.30)	(1.80)	(-0.69)

续表

变量	模型① FV = Roa	模型② FV = Roe	模型③ FV = Opr	模型④ FV = Roa	模型⑤ FV = Roe	模型⑥ FV = Opr
Growth	-0.0002*	0.000028	-0.000300	3.3742***	0.2030***	1.5566***
	(-1.76)	(0.05)	(-0.84)	(4.19)	(5.21)	(3.19)
常数项	-1.3414***	-1.1673***	-7.2826*	1.550	-0.6573*	2.790
	(-4.20)	(-3.66)	(-1.65)	(0.21)	(-1.81)	(0.59)
年度	控制	控制	控制	控制	控制	控制
Chi2	206.61	52.84	58.38	80.55	119.47	44.53
Prob > chi2	0.0000	0.0062	0.0014	0.0000	0.0000	0.0426
N	5915	5915	5915	5915	5915	5915

注：***、**、*分别表示在1%、5%、10%的水平上显著（双尾）；括号内为相应系数的T值。

表7-5是基于市场化进程的管理者权力、内部薪酬差距与公司价值的检验结果，其中管理者权力以主成分合成综合指标Power1来衡量。其中，模型①至模型③中的内部薪酬差距为绝对内部薪酬差距Dispersion1，公司价值分别用Roa、Roe和Opr表示，由结果可见，三个模型中绝对内部薪酬差距与管理者权力的交乘项Dispersion1×Power1的系数均显著为负，而绝对内部薪酬差距、管理者权力与市场化指数三者的交乘项Dispersion1×Power1×Market的系数均在10%的水平上显著为正；模型④至模型⑥中的内部薪酬差距为相对内部薪酬差距Dispersion2，公司价值分别用Roa、Roe和Opr表示，由结果可见，以不同指标衡量公司价值，相对内部薪酬差距与管理者权力的交乘项Dispersion2×Power1的系数均在1%的显著性水平上为负，而绝对内部薪酬差距、管理者权力与市场化指数三者的交乘项Dispersion2×Power1×Market的系数均显著为正，且在模型⑥中显著性为1%。表7-5的结果表明，在以主成分合成综合指标衡量管理者权力时，市场化进程能够减弱管理者权力对内部薪酬差距价值激励效应的抑制作用。

表7-5 基于市场化进程的管理者权力（Power1）、
内部薪酬差距与公司价值

变量	模型① FV = Roa	模型② FV = Roe	模型③ FV = Opr	模型④ FV = Roa	模型⑤ FV = Roe	模型⑥ FV = Opr
Dispersion1	0.0263	0.2190***	0.1700***			
	(1.47)	(3.69)	(3.04)			
Dispersion2				-0.000400	-0.000400	0.0298
				(-0.54)	(-0.23)	(0.87)
Power1	3.7059*	14.2074*	15.7003**	0.8287***	1.8555***	36.8207***
	(1.73)	(1.90)	(1.97)	(4.79)	(5.06)	(3.81)
Market	-0.00210	-0.0313	-0.00770	-0.0205***	-0.0496***	-0.8959***
	(-0.26)	(-1.18)	(-0.29)	(-4.28)	(-4.52)	(-2.61)
Dispersion1 × Power1	-0.3066*	-1.1912*	-1.3075**			
	(-1.72)	(-1.92)	(-1.98)			
Dispersion1 × Power1 × Market	0.0112*	0.0443*	0.0469*			
	(1.68)	(1.92)	(1.91)			
Dispersion2 × Power1				-0.0595***	-0.1337***	-2.8426***
				(-4.54)	(-4.78)	(-3.83)
Dispersion2 × Power1 × Market				0.0039**	0.0070**	0.2833***
				(2.51)	(2.13)	(2.71)
Leverage	-0.1226***	-0.1372***	-0.3645***	-0.0765***	0.0263	-1.1514
	(-10.42)	(-2.64)	(-6.05)	(-6.94)	(1.04)	(-1.27)
Size	-0.00200	-0.0483**	-0.0291	0.00270	0.00490	-0.0406
	(-0.35)	(-2.46)	(-1.57)	(1.30)	(1.02)	(-0.26)
Growth	0.0356***	0.0706***	-0.000100	-0.0001***	-0.0002**	0.5609
	(7.21)	(3.07)	(-0.65)	(-2.72)	(-2.05)	(1.58)
常数项	-0.1756**	-1.3530***	-1.1045***	0.00041	-0.0837	0.9163
	(-2.02)	(-4.38)	(-3.50)	(0.00)	(-0.84)	(0.28)
行业	控制	控制	控制	控制	控制	控制
年度	控制	控制	控制	控制	控制	控制
Chi2	397.50	97.45	142.85	141.21	103.42	45.05
Prob > chi2	0.0000	0.0000	0.0000	0.0000	0.0000	0.0000
N	5915	5915	5915	5915	5915	5915

注：***、**、*分别表示在1%、5%、10%的水平上显著（双尾）；括号内为相应系数的T值。

表7-6是基于市场化进程的管理者权力、内部薪酬差距与公司价值的检验结果，其中管理者权力以等权平均值综合指标Power2来衡量。其中，模型①至模型③中的内部薪酬差距为绝对内部薪酬差距Dispersion1，公司价值分别用Roa、Roe和Opr表示，由结果可见，三个模型中绝对内部薪酬差距与管理者权力的交乘项Dispersion1 × Power2的系数均显著为负，且在模型①中显著性水平为1%，而绝对内部薪酬差距、管理者权力与市场化指数三者的交乘项Dispersion2 × Power2 × Market的系数均在不同的显著性水平上为正；模型④至模型⑥中的内部薪酬差距为相对内部薪酬差距Dispersion2，公司价值分别用Roa、Roe和Opr表示，由结果可见，以不同指标衡量公司价值，相对内部薪酬差距与管理者权力的交乘项Dispersion2 × Power2的系数均在1%的显著性水平上为负，而绝对内部薪酬差距、管理者权力与市场化指数三者的交乘项Dispersion2 × Power2 × Market的系数均在1%的显著性水平上为正。综上，表7-5的结果表明，在以等权平均值综合指标衡量管理者权力时，市场化进程能够减弱管理者权力对内部薪酬差距价值激励效应的抑制作用。

综合表7-5和表7-6的结果，表明：市场化进程弱化了管理者权力对内部薪酬差距正面价值激励效应的抑制作用。综合表7-3市场化进程增强了内部薪酬差距的价值激励效应的结果，即：市场化进程不仅增强了内部薪酬差距的正面价值激励效应，还进一步弱化了管理者权力对内部薪酬差距正面价值激励效应的抑制作用。

表7-6　　**基于市场化进程的管理者权力（Power1）、内部薪酬差距与公司价值**

变量	模型①	模型②	模型③	模型④	模型⑤	模型⑥
	FV = Roa	FV = Roe	FV = Opr	FV = Roa	FV = Roe	FV = Opr
Dispersion1	0.1743 ***	0.3273 **	0.4544 ***			
	(2.98)	(2.44)	(2.81)			

续表

变量	模型① FV = Roa	模型② FV = Roe	模型③ FV = Opr	模型④ FV = Roa	模型⑤ FV = Roe	模型⑥ FV = Opr
Dispersion2				0.0003 *	0.0130 **	0.0132 **
				(1.83)	(2.38)	(1.97)
Power2	4.3971 ***	9.3174 **	10.1262 **	0.2578 ***	1.1794 ***	2.0822 ***
	(2.64)	(2.42)	(2.13)	(10.50)	(6.05)	(8.96)
Mar	-0.0627 **	-0.1232 **	-0.1398 **	-0.0012 ***	-0.0104 ***	-0.0200 ***
	(-2.49)	(-2.14)	(-2.02)	(-2.99)	(-2.74)	(-4.79)
Dispersion1 × Power2	-0.3666 ***	-0.7719 **	-0.8505 **			
	(-2.65)	(-2.42)	(-2.16)			
Dispersion1 × Power2 × Market	0.0122 ***	0.0260 **	0.0252 *			
	(2.62)	(2.44)	(1.92)			
Dispersion2 × Power2				-0.0050 ***	-0.0473 ***	-0.0713 ***
				(-7.18)	(-3.54)	(-4.43)
Dispersion2 × Power2 × Market				0.0003 ***	0.0022 ***	0.0036 ***
				(5.71)	(2.86)	(4.11)
Leverage	-0.1096 ***	-0.1235 ***	-0.3002 ***	-0.1116 ***	-0.0522 ***	-0.2836 ***
	(-14.67)	(-7.23)	(-12.97)	(-27.28)	(-4.39)	(-15.90)
Size	-0.00190	0.0108	-0.00930	0.0042 ***	0.0080 ***	0.0134 ***
	(-0.62)	(1.59)	(-1.24)	(5.87)	(2.87)	(3.66)
Growth	0.0339 ***	0.0851 ***	0.0018	0.0324 ***	0.0001 **	0.0002 **
	(8.77)	(9.80)	(0.68)	(13.68)	(2.41)	(2.95)
常数项	-1.9469 ***	-4.0574 ***	-4.9506 ***	-0.1034 ***	-0.5247 ***	-0.8276 ***
	(-2.90)	(-2.63)	(-2.61)	(-6.64)	(-8.64)	(-10.41)
行业	控制	控制	控制	控制	控制	控制
年度	控制	控制	控制	控制	控制	控制
Chi2	647.13	383.98	539.61	4211.38	330.10	921.85
Prob > chi2	0.0000	0.0000	0.0000	0.0000	0.0000	0.0000
N	5915	5915	5915	5915	5915	5915

注：***、**、* 分别表示在1%、5%、10%的水平上显著（双尾）；括号内为相应系数的T值。

表7-7是基于行业竞争的管理者权力、内部薪酬差距与公司价

值的检验结果,其中管理者权力以主成分合成综合指标 Power1 来衡量。模型①至模型③中的内部薪酬差距为绝对内部薪酬差距 Dispersion1,公司价值分别用 Roa、Roe 和 Opr 表示,由结果可见,三个模型中绝对内部薪酬差距与管理者权力的交乘项 Dispersion1 × Power1 的系数均在 5% 的水平上显著为负,而绝对内部薪酬差距、管理者权力与行业竞争三者的交乘项 Dispersion1 × Power1 × Protect 的系数均显著为负;模型④至模型⑥中的内部薪酬差距为相对内部薪酬差距 Dispersion2,公司价值分别用 Roa、Roe 和 Opr 表示,由结果可见,以不同指标衡量公司价值,相对内部薪酬差距与管理者权力的交乘项 Dispersion2 × Power1 的系数均在 1% 的显著性水平上为负,而绝对内部薪酬差距、管理者权力与行业竞争三者的交乘项 Dispersion2 × Power1 × Protect 的系数在不同的显著性水平上为负,且在模型④中显著性为 1%。综上,表 7-7 的结果表明,在以主成分合成综合指标衡量管理者权力时,与竞争行业相比,当上市公司所处的行业为保护性行业时,管理者权力对内部薪酬差距正面价值激励效应的抑制作用更强。

表 7-7　　基于行业竞争的管理者权力(Power1)、内部薪酬差距与公司价值

变量	模型① FV = Roa	模型② FV = Roe	模型③ FV = Opr	模型④ FV = Roa	模型⑤ FV = Roe	模型⑥ FV = Opr
Dispersion1	0.0157 (1.24)	0.1901*** (4.00)	0.2336*** (4.89)			
Dispersion2				0.000800 (1.29)	0.00170 (1.45)	0.0452 (1.52)
Power1	2.8430** (2.53)	9.8205** (2.03)	12.3204** (2.40)	0.6628*** (5.23)	1.0709*** (5.95)	21.4009*** (3.58)
Protect	-0.0101** (-2.26)	-0.0208 (-0.77)	-0.0629* (-1.85)	-0.0157 (-1.55)	-0.0195 (-1.19)	-0.987 (-1.46)
Dispersion1 × Power1	-0.2299** (-2.52)	-0.8049** (-2.05)	-1.0087** (-2.42)			

续表

变量	模型① FV = Roa	模型② FV = Roe	模型③ FV = Opr	模型④ FV = Roa	模型⑤ FV = Roe	模型⑥ FV = Opr
Dispersion1 × Power1 × Protect	-0.0025**	-0.0093*	-0.0114*			
	(-2.13)	(-1.69)	(-1.81)			
Dispersion2 × Power1				-0.0466***	-0.0756***	-1.6077***
				(-5.12)	(-5.79)	(-3.68)
Dispersion2 × Power1 × Protect				-0.0117***	-0.0090**	-0.2862*
				(-3.07)	(-2.14)	(-1.73)
Leverage	-0.1245***	-0.1166***	-0.3609***	-0.0644***	0.0449***	-0.826
	(-16.12)	(-3.06)	(-7.52)	(-7.52)	(2.77)	(-1.31)
Size	0.00190	-0.0401**	-0.0467***	0.00150	0.0060*	0.0848
	(0.46)	(-2.47)	(-2.94)	(0.89)	(1.89)	(0.72)
Growth	0.0276***	0.0575***	-0.0001	-0.0001***	-0.0001	0.5690**
	(9.56)	(4.22)	(-0.80)	(-2.85)	(-1.59)	(2.20)
常数项	-0.1391**	-1.2403***	-1.4903***	0.00810	-0.1339**	-2.230
	(-2.24)	(-5.32)	(-5.58)	(0.23)	(-2.05)	(-0.89)
年度	控制	控制	控制	控制	控制	控制
Chi2	916.88	124.35	229.44	182.33	182.34	56.84
Prob > chi2	0.0000	0.0000	0.0000	0.0000	0.0000	0.0044
N	5915	5915	5915	5915	5915	5915

注：***、**、*分别表示在1%、5%、10%的水平上显著（双尾）；括号内为相应系数的T值。

表7-8是基于行业竞争程度的管理者权力、内部薪酬差距与公司价值的检验结果，其中管理者权力以等权平均值综合指标Power2来衡量。模型①至模型③中的内部薪酬差距为绝对内部薪酬差距Dispersion1，公司价值分别用Roa、Roe和Opr表示，由结果可见，三个模型中绝对内部薪酬差距与管理者权力的交乘项Dispersion1 × Power2的系数均显著为负，且在模型①和模型②中显著性水平为1%，而绝对内部薪酬差距、管理者权力与行业竞争三者的交乘项Dispersion2 × Power2 × Protect的系数均显著为负；模型④至模型⑥中的内部薪酬差

距为相对内部薪酬差距 Dispersion2，公司价值分别用 Roa、Roe 和 Opr 表示，由结果可见，以不同指标衡量公司价值，相对内部薪酬差距与管理者权力的交乘项 Dispersion2 × Power2 的系数均在 1% 的显著性水平上为负，而绝对内部薪酬差距、管理者权力与行业竞争三者的交乘项 Dispersion2 × Power2 × Protect 的系数均显著为负，且在模型⑤和模型⑥中显著性水平为 1%。综上，表 7-8 的结果表明，在以等权平均值综合指标衡量管理者权力时，与充分竞争行业相比，处于保护性行业的上市公司中，管理者权力对内部薪酬差距正面价值激励效应的抑制作用更强。

综合表 7-7 和表 7-8 的结果，表明：保护性行业的上市公司中，管理者权力对内部薪酬差距正面价值激励效应的抑制作用更显著。综合表 7-4 保护性行业上市公司中内部薪酬差距对公司价值的激励效应较弱，即：与充分竞争行业相比，处于保护性行业的上市公司中，内部薪酬差距对公司价值的正面价值激励效应更弱，且管理者权力对内部薪酬差距正面价值激励效应的抑制作用更强。

表 7-8　　基于行业竞争的管理者权力（Power2）、内部薪酬差距与公司价值

变量	模型① FV = Roa	模型② FV = Roe	模型③ FV = Opr	模型④ FV = Roa	模型⑤ FV = Roe	模型⑥ FV = Opr
Dispersion1	0.1310 ***	0.2573 ***	0.4884 ***			
	(3.87)	(3.60)	(4.52)			
Dispersion2				0.0001 ***	0.0097 **	0.00960
				(4.09)	(2.14)	(1.61)
Power2	2.3893 **	5.5860 ***	7.0251 **	0.1556 ***	1.0725 ***	1.9606 ***
	(2.51)	(2.76)	(2.24)	(6.24)	(5.69)	(8.54)
Protect	0.0151 **	0.0313 **	0.0272	0.00350	0.0169 ***	0.0158
	(2.21)	(2.32)	(1.11)	(0.88)	(3.25)	(1.64)
Dispersion1 × Power2	-0.1998 ***	-0.4607 ***	-0.6051 **			
	(-2.58)	(-2.80)	(-2.37)			

续表

变量	模型① FV = Roa	模型② FV = Roe	模型③ FV = Opr	模型④ FV = Roa	模型⑤ FV = Roe	模型⑥ FV = Opr
Dispersion1 × Power2 × Protect	-0.0025**	-0.0037*	-0.0083**			
	(-2.22)	(-1.69)	(-2.03)			
Dispersion2 × Power2				-0.0023***	-0.0380***	-0.0603***
				(-3.54)	(-3.32)	(-4.23)
Dispersion2 × Power2 × Protect				-0.0013*	-0.0066***	-0.0106***
				(-1.77)	(-2.99)	(-3.64)
Leverage	-0.0902***	-0.0727***	-0.2205***	-0.1080***	-0.0794***	-0.3189***
	(-17.26)	(-6.30)	(-12.00)	(-31.19)	(-6.74)	(-17.72)
Size	-0.0054**	-0.000700	-0.0322***	0.0049***	0.0107***	0.0180***
	(-2.35)	(-0.16)	(-5.23)	(7.81)	(4.11)	(4.93)
Growth	0.0232***	0.0537***	0.00016	0.0230***	0.00021	0.00023
	(10.45)	(11.66)	(0.45)	(12.86)	(0.26)	(-0.87)
常数项	-1.3555***	-2.9786***	-4.8040***	-0.0828***	-0.5282***	-0.8606***
	(-3.48)	(-3.60)	(-3.77)	(-5.71)	(-9.05)	(-10.22)
年度	控制	控制	控制	控制	控制	控制
Chi2	1275.71	798.63	846.21	1905.37	459.42	1009.35
Prob > chi2	0.0000	0.0000	0.0000	0.0000	0.0000	0.0000
N	5915	5915	5915	5915	5915	5915

注：***、**、*分别表示在1%、5%、10%的水平上显著（双尾）；括号内为相应系数的T值。

三 不同治理环境下外部薪酬差距的检验

表7-9是基于市场化进程、外部薪酬差距与公司价值的检验结果。其中，模型①至模型③中的外部薪酬差距以基于行业平均数的外部薪酬差距 Dispersion3 表示，公司价值分别用 Roa、Roe 和 Opr 表示。由结果可见，三个模型中基于行业平均数的外部薪酬差距 Dispersion3 的系数均在1%的水平上显著为正，而基于行业平均数的外部薪酬差距与市场化进程的交乘项 Dispersion3 × Market 的系数也均显著为正，除模型①中的显著性水平为5%外，其余两个模型中的显著性水平均

为 1%。模型④至模型⑥的外部薪酬差距与基于行业中位数的外部薪酬差距 Dispersion4 表示，公司价值分别用 Roa、Roe 和 Opr 表示，三个模型中基于行业中位数的外部薪酬差距 Dispersion4 的系数均在 1% 的水平上显著为正，而基于行业中位数的外部薪酬差距与市场化进程的交乘项 Dispersion4 × Market 的系数也均在 1% 的水平上显著为正。表 7 - 9 的结果表明，市场化程度增强了外部薪酬差距对公司价值的正面价值激励效应，市场化程度越高，外部薪酬差距对公司价值的正面价值激励效应越强。

表 7 - 9　　　　市场化进程、外部薪酬差距与公司价值

变量	模型① FV = ΔRoa	模型② FV = ΔRoe	模型③ FV = ΔOpr	模型④ FV = ΔRoa	模型⑤ FV = ΔRoe	模型⑥ FV = ΔOpr
Dispersion3	0.0129*** (9.42)	0.0252*** (12.12)	0.0194*** (9.23)			
Dispersion4				0.0093*** (11.19)	0.0187*** (13.73)	0.0123*** (8.12)
Market	0.000100 (0.26)	0.0031*** (4.81)	0.00170 (0.49)	0.00140 (1.50)	0.0031*** (4.63)	-0.00022 (-0.01)
Dispersion3 × Market	0.0022** (2.27)	0.0050*** (3.51)	0.0144*** (5.74)			
Dispersion4 × Market				0.0030*** (2.69)	0.0072*** (4.31)	0.0112*** (8.61)
Size	0.0015** (2.23)	0.0079*** (14.01)	0.0069*** (5.68)	0.0032*** (9.08)	0.0101*** (5.84)	0.0126*** (8.26)
Leverage	-0.1048*** (-25.39)	-0.0998*** (-5.12)	-0.0008*** (-9.89)	-0.1098*** (-34.78)	-0.1074*** (-4.64)	-0.1322*** (-6.85)
Growth	0.0286*** (13.88)	0.0711*** (10.53)	0.0271*** (6.65)	0.0141*** (8.64)	0.0918*** (14.69)	0.0020* (1.87)
变量	0.0405*** (3.07)	-0.0899*** (-6.42)	-0.1272*** (-4.60)	0.00430 (0.58)	-0.1443*** (-4.49)	-0.1875*** (-8.55)
行业	控制	控制	控制	控制	控制	控制
年度	控制	控制	控制	控制	控制	控制

续表

变量	模型①	模型②	模型③	模型④	模型⑤	模型⑥
	FV =ΔRoa	FV =ΔRoe	FV =ΔOpr	FV =ΔRoa	FV =ΔRoe	FV =ΔOpr
R2	0.2660	0.1597	0.1743	0.2703	0.1974	0.2341
N	6163	6163	6163	6163	6163	6163

注：***、**、*分别表示在1%、5%、10%的水平上显著（双尾）；括号内为相应系数的T值。

表7-10是基于行业竞争、外部薪酬差距与公司价值的检验结果。其中，模型①至模型③中的外部薪酬差距以基于行业平均数的外部薪酬差距Dispersion3表示，公司价值分别用Roa、Roe和Opr表示。由结果可见，三个模型中基于行业平均数的外部薪酬差距Dispersion3的系数均在1%的水平上显著为正，而基于行业平均数的外部薪酬差距与行业竞争的交乘项Dispersion3×Protect的系数除在模型③中不显著为负外，在模型①和模型②中在1%的水平上显著为负。模型④至模型⑥的外部薪酬差距与基于行业中位数的外部薪酬差距Dispersion4表示，公司价值分别用Roa、Roe和Opr表示，三个模型中基于行业中位数的外部薪酬差距Dispersion4的系数均显著为正，且在模型④和模型⑥中的显著性水平为1%，而基于行业中位数的外部薪酬差距与行业竞争的交乘项Dispersion4×Protect的系数除在模型⑥中不显著为负外，在模型④和模型⑤中显著为负。综上，表7-10的结果表明，与完全竞争行业相比，处于保护性行业的上市公司中，外部薪酬差距对公司价值的激励效应较弱。

表7-10 行业竞争、外部薪酬差距与公司价值的回归结果

变量	模型①	模型②	模型③	模型④	模型⑤	模型⑥
	FV =ΔRoa	FV =ΔRoe	FV =ΔOpr	FV =ΔRoa	FV =ΔRoe	FV =ΔOpr
Dispersion3	0.0157***	0.0297***	0.0180***			
	(14.16)	(11.69)	(8.85)			

续表

变量	模型① FV=ΔRoa	模型② FV=ΔRoe	模型③ FV=ΔOpr	模型④ FV=ΔRoa	模型⑤ FV=ΔRoe	模型⑥ FV=ΔOpr
Dispersion4				0.0085***	0.0089**	0.0132***
				(10.63)	(2.45)	(8.59)
Protect	0.00500	0.00740	-0.0376***	0.00500	-0.000100	-0.0360**
	(0.54)	(0.32)	(-2.63)	(0.51)	(-0.01)	(-2.35)
Dispersion3×Protect	-0.0048***	-0.0070***	-0.00700			
	(-6.02)	(-2.69)	(-1.51)			
Dispersion4×Protect				-0.0015***	-0.0249**	-0.00430
				(-6.16)	(-2.51)	(-1.24)
Size	0.0011**	0.0103***	0.0270***	0.0020***	0.0846***	0.0269***
	(2.42)	(7.83)	(15.82)	(4.41)	(4.16)	(15.80)
Leverage	-0.1006***	-0.1072***	-0.3513***	-0.1020***	-0.8731***	-0.3513***
	(-29.24)	(-3.74)	(-38.42)	(-29.32)	(-4.12)	(-38.29)
Growth	0.0144***	0.0357***	0.0002***	0.0144***	0.1031***	0.0002***
	(8.69)	(7.77)	(5.91)	(8.54)	(4.08)	(5.90)
常数项	0.0461***	-0.1379***	-0.3763***	0.0242***	-1.6565***	-0.3794***
	(5.56)	(-8.01)	(-12.49)	(2.92)	(-3.50)	(-12.39)
年度	控制	控制	控制	控制	控制	控制
R2	0.2616	0.1563	0.3026	0.2528	0.0219	0.3028
N	6163	6163	6163	6163	6163	6163

注：***、**、*分别表示在1%、5%、10%的水平上显著（双尾）；括号内为相应系数的T值。

表7-11是基于市场化进程的管理者权力、外部薪酬差距与公司价值的检验结果，其中管理者权力以主成分合成综合指标Power1来衡量。其中，模型①至模型③中的外部薪酬差距为基于行业平均数的外部内部薪酬差距Dispersion3，公司价值分别用Roa、Roe和Opr表示，由结果可见，三个模型中基于行业平均数的外部薪酬差距与管理者权力的交乘项Dispersion3×Power1的系数均在1%的显著性水平上为负，而基于行业平均数的外部薪酬差距、管理者权力与市场化指数三者的交乘项Dispersion3×Power1×Market的系数除在模型均在模型

③中不显著外，在模型①和模型②中均在1%的水平上显著为正；模型④至模型⑥中的外部薪酬差距为基于行业中位数的外部薪酬差距Dispersion4，公司价值分别用Roa、Roe和Opr表示，由结果可见，以不同指标衡量公司价值，基于行业中位数的外部薪酬差距与管理者权力的交乘项Dispersion4×Power1的系数均在1%的显著性水平上为负，而基于行业中位数的外部薪酬差距、管理者权力与市场化指数三者的交乘项Dispersion4×Power1×Market的系数除模型⑥外，均在1%的显著性水平上为正。综上，表7-11的结果表明，在以主成分合成综合指标衡量管理者权力时，市场化进程能够减弱管理者权力对外部薪酬差距价值激励效应的抑制作用。

表7-11 基于市场化进程的管理者权力（Power1）、外部薪酬差距与公司价值

变量	模型① FV = ΔRoa	模型② FV = ΔRoe	模型③ FV = ΔOpr	模型④ FV = ΔRoa	模型⑤ FV = ΔRoe	模型⑥ FV = ΔOpr
Dispersion3	0.0100 *** (11.21)	0.0295 *** (18.42)	0.0240 *** (10.60)			
Dispersion4				0.0099 *** (9.72)	0.0209 *** (12.14)	0.0126 *** (9.52)
Power1	0.0037 *** (2.73)	0.0075 *** (3.93)	0.0138 ** (2.08)	0.0044 *** (4.22)	0.0055 ** (2.12)	0.0187 *** (5.31)
Market	0.000400 (0.74)	-0.0011 *** (-3.14)	-0.00140 (-0.37)	-0.000500 (-1.10)	-0.0015 ** (-2.24)	-0.0078 ** (-2.00)
Dispersion3 × Power1	-0.0102 *** (-7.65)	-0.0200 *** (-4.41)	-0.0140 *** (-3.65)			
Dispersion3 × Power1 × Market	0.0066 *** (2.70)	0.0105 *** (2.90)	-0.00670 (-1.04)			
Dispersion4 × Power1				-0.0060 *** (-4.40)	-0.0166 *** (-4.47)	-0.0144 *** (-11.63)

续表

变量	模型① FV = ΔRoa	模型② FV = ΔRoe	模型③ FV = ΔOpr	模型④ FV = ΔRoa	模型⑤ FV = ΔRoe	模型⑥ FV = ΔOpr
Dispersion4 × Power1 × Market				0.0032*** (3.45)	0.0107*** (3.25)	-0.00300 (-0.72)
Size	0.0026*** (6.64)	0.0133*** (3.98)	0.0012*** (4.02)	0.0018*** (3.46)	0.0099*** (3.84)	0.0199*** (24.54)
Leverage	-0.1070*** (-26.22)	-0.1104*** (-3.95)	-0.0008*** (-11.73)	-0.1056*** (-26.10)	-0.0987*** (-3.91)	-0.3244*** (-81.60)
Growth	0.0285*** (10.64)	0.0473*** (10.35)	0.0880*** (11.04)	0.0288*** (11.73)	0.0916*** (14.38)	0.0858*** (10.16)
常数项	0.0197** (2.27)	-0.1992*** (-3.29)	-0.0111 (-1.56)	0.0331*** (2.97)	-0.1418*** (-3.03)	-0.2457*** (-11.23)
行业	控制	控制	控制	控制	控制	控制
年度	控制	控制	控制	控制	控制	控制
R^2	0.2657	0.2038	0.1975	0.2740	0.1943	0.3174
N	6163	6163	6163	6163	6163	6163

注：***、**、* 分别表示在1%、5%、10%的水平上显著（双尾）；括号内为相应系数的T值。

表7-12是基于市场化进程的管理者权力、外部薪酬差距与公司价值的检验结果，其中管理者权力以平均值综合指标Power2来衡量。其中，模型①至模型③中的外部薪酬差距为基于行业平均数的外部内部薪酬差距Dispersion3，公司价值分别用Roa、Roe和Opr表示，由结果可见，三个模型中基于行业平均数的外部薪酬差距与管理者权力的交乘项Dispersion3×Power2的系数均在1%的显著性水平上为负，而基于行业平均数的外部薪酬差距、管理者权力与市场化指数三者的交乘项Dispersion3×Power2×Market的系数均在1%的显著性水平上为正。模型④至模型⑥中的外部薪酬差距为基于行业中位数的外部薪酬差距Dispersion4，公司价值分别用Roa、Roe和Opr表示，由结果可见，以不同指标衡量公司价值，基于行业中位数的外部薪酬差距与管理者权力的交乘项Dispersion4×Power2的系数均在1%的显著性水平

上为负，而基于行业中位数的外部薪酬差距、管理者权力与市场化指数三者的交乘项 Dispersion4 × Power2 × Market 的系数均显著为正，且模型④和模型⑥中的显著性水平为1%。综上，表7-12 的结果表明，在以平均值综合指标衡量管理者权力时，市场化进程能够减弱管理者权力对外部薪酬差距价值激励效应的抑制作用。

综合表7-11 和表7-12 的结果，表明：市场化进程弱化了管理者权力对外部薪酬差距正面价值激励效应的抑制作用。综合表7-9 市场化进程增强了外部薪酬差距的价值激励效应的结果，即：市场化进程不仅增强了外部薪酬差距的正面价值激励效应，还进一步弱化了管理者权力对外部薪酬差距正面价值激励效应的抑制作用。

表7-12　　基于市场化进程的管理者权力（Power2）、外部薪酬差距与公司价值

变量	模型① FV = ΔRoa	模型② FV = ΔRoe	模型③ FV = ΔOpr	模型④ FV = ΔRoa	模型⑤ FV = ΔRoe	模型⑥ FV = ΔOpr
Dispersion3	0.0206 ***	0.0380 ***	0.0391 ***			
	(9.43)	(13.20)	(10.47)			
Dispersion4				0.0145 ***	0.0270 ***	0.0269 ***
				(8.45)	(10.88)	(9.69)
Power2	0.00400	-0.00100	0.0194 *	0.00550	0.00300	0.0253 **
	(0.76)	(-0.20)	(1.79)	(1.09)	(0.62)	(2.50)
Market	0.0019 ***	-0.000500	-0.00140	0.0027 ***	0.000700	0.00120
	(4.02)	(-1.19)	(-0.46)	(4.43)	(1.41)	(0.38)
Dispersion3 × Power2	-0.0125 ***	-0.0216 ***	-0.0394 ***			
	(-5.72)	(-4.42)	(-10.45)			
Dispersion3 × Power2 × Market	0.0091 ***	0.0124 ***	0.0257 ***			
	(4.32)	(2.80)	(6.22)			
Dispersion4 × Power2				-0.0080 ***	-0.0141 ***	-0.0251 ***
				(-4.45)	(-3.62)	(-9.16)
Dispersion4 × Power2 × Market				0.0060 ***	0.0080 **	0.0177 ***
				(4.13)	(2.52)	(7.49)

续表

变量	模型① FV=ΔRoa	模型② FV=ΔRoe	模型③ FV=ΔOpr	模型④ FV=ΔRoa	模型⑤ FV=ΔRoe	模型⑥ FV=ΔOpr
Size	-0.0038***	0.0091***	0.0021***	-0.0038***	0.0092***	0.0022***
	(-9.00)	(5.19)	(7.87)	(-8.80)	(5.28)	(9.33)
Leverage	-0.0002***	-0.0936***	-0.0008***	-0.0002***	-0.0937***	-0.0008***
	(-13.19)	(-4.18)	(-11.55)	(-13.21)	(-4.18)	(-11.57)
Growth	0.0173***	0.0577***	0.0553***	0.0172***	0.0575***	0.0551***
	(5.80)	(7.87)	(5.48)	(5.78)	(7.85)	(5.48)
常数项	0.1033***	-0.1157***	-0.0306***	0.0962***	-0.1294***	-0.0442***
	(11.81)	(-3.53)	(-5.63)	(10.98)	(-3.86)	(-7.14)
行业	控制	控制	控制	控制	控制	控制
年度	控制	控制	控制	控制	控制	控制
R^2	0.1576	0.1819	0.1895	0.1577	0.1818	0.1894
N	6163	6163	6163	6163	6163	6163

注：***、**、*分别表示在1%、5%、10%的水平上显著（双尾）；括号内为相应系数的T值。

表7-13是基于行业竞争的管理者权力、外部薪酬差距与公司价值的检验结果，其中管理者权力以主成分合成综合指标Power1来衡量。其中，模型①至模型③中的外部薪酬差距为基于行业平均数的外部内部薪酬差距Dispersion3，公司价值分别用Roa、Roe和Opr表示，由结果可见，三个模型中基于行业平均数的外部薪酬差距与管理者权力的交乘项Dispersion3×Power1的系数均在1%的显著性水平上为负，而基于行业平均数的外部薪酬差距、管理者权力与行业竞争三者的交乘项Dispersion3×Power1×Protect的系数均不显著为负。模型④至模型⑥中的外部薪酬差距为基于行业中位数的外部薪酬差距Dispersion4，公司价值分别用Roa、Roe和Opr表示，由结果可见，以不同指标衡量公司价值，基于行业中位数的外部薪酬差距与管理者权力的交乘项Dispersion4×Power1的系数均在模型④和模型⑥中显著为负，而基于行业中位数的外部薪酬差距、管理者权力与行业竞争三者的交乘项Dispersion4×Power1×Protect除在模型④中不显著为负外，在模

型⑤和模型⑥中均显著为负。综上，表7-13的结果表明，在以主成分合成综合指标衡量管理者权力时，与处于完全竞争行业的上市公司相比，处于保护性行业的上市公司中，管理者权力对外部薪酬差距价值激励效应的抑制作用更强。

表7-13　　　基于行业竞争的管理者权力（Power1）、
外部薪酬差距与公司价值

变量	模型① FV = ΔRoa	模型② FV = ΔRoe	模型③ FV = ΔOpr	模型④ FV = ΔRoa	模型⑤ FV = ΔRoe	模型⑥ FV = ΔOpr
Dispersion3	0.0110 *** (9.57)	0.0290 *** (14.25)	0.0160 *** (8.71)			
Dispersion4				0.0099 *** (10.08)	0.0158 *** (4.03)	0.0118 *** (7.97)
Protect	0.00420 (0.44)	0.00720 (0.30)	-0.0300 * (-1.84)	-0.0151 (-1.10)	-0.0103 (-1.30)	-0.0301 * (-1.82)
Power1	0.0074 *** (3.52)	0.0103 *** (5.62)	0.0213 *** (3.99)	0.0312 *** (2.60)	-0.0216 (-0.94)	0.0245 *** (5.06)
Dispersion3 × Power1	-0.0053 *** (-6.55)	-0.0133 *** (-4.45)	-0.0140 *** (-7.72)			
Dispersion3 × Power1 × Protect	-0.00330 (-0.54)	-0.00740 (-0.65)	-0.00560 (-0.94)			
Dispersion4 × Power1				-0.0125 ** (-2.01)	-0.00870 (-1.00)	-0.0122 *** (-6.39)
Dispersion4 × Power1 × Protect				-0.00600 (-1.38)	-0.0115 *** (-2.71)	-0.0086 ** (-2.05)
Size	0.0030 *** (6.33)	0.0134 *** (4.20)	0.0263 *** (28.34)	0.0245 * (1.95)	0.0461 (1.40)	0.0257 *** (25.83)
Leverage	-0.1084 *** (-32.32)	-0.1178 *** (-3.38)	-0.3456 *** (-44.13)	-0.2994 *** (-2.73)	-0.451 (-1.43)	-0.3426 *** (-44.01)
Growth	0.0149 *** (9.12)	0.0497 *** (10.36)	0.0042 *** (8.53)	0.00560 (1.57)	0.0316 (1.26)	0.00031 (0.40)

续表

变量	模型①	模型②	模型③	模型④	模型⑤	模型⑥
	FV = ΔRoa	FV = ΔRoe	FV = ΔOpr	FV = ΔRoa	FV = ΔRoe	FV = ΔOpr
常数项	0.0120	-0.1987***	-0.3703***	-0.3468*	-1.028	-0.3575***
	(1.30)	(-3.68)	(-24.64)	(-1.68)	(-1.48)	(-21.05)
年度	控制	控制	控制	控制	控制	控制
r2	0.2731	0.2069	0.3088	0.0118	0.0235	0.3069
N	6163	6163	6163	6163	6163	6163

注：***、**、* 分别表示在1%、5%、10%的水平上显著（双尾）；括号内为相应系数的T值。

表7-14是基于行业竞争的管理者权力、外部薪酬差距与公司价值的检验结果，其中管理者权力以平均值综合指标Power2来衡量。其中，模型①至模型③中的外部薪酬差距为基于行业平均数的外部内部薪酬差距Dispersion3，公司价值分别用Roa、Roe和Opr表示，由结果可见，三个模型中基于行业平均数的外部薪酬差距与管理者权力的交乘项Dispersion3×Power2的系数均在1%的显著性水平上为负，而基于行业平均数的外部薪酬差距、管理者权力与行业竞争三者的交乘项Dispersion3×Power2×Protect的系数在不同的显著性水平上为负。模型④至模型⑥中的外部薪酬差距为基于行业中位数的外部薪酬差距Dispersion4，公司价值分别用Roa、Roe和Opr表示，由结果可见，以不同指标衡量公司价值，基于行业中位数的外部薪酬差距与管理者权力的交乘项Dispersion4×Power2的系数均在1%的显著性水平上为负，而基于行业中位数的外部薪酬差距、管理者权力与行业竞争三者的交乘项Dispersion4×Power2×Protect的系数在不同的显著性水平上为负。综上，表7-14的结果表明，在以平均值综合指标衡量管理者权力时，处于保护性行业的上市公司，管理者权力对外部薪酬差距的正面价值激励效应的抑制作用更强。

综合表7-13和表7-14的结果，表明：与处于完全竞争行业的上市公司相比，保护性行业的上市公司中，管理者权力对外部薪酬差距正面价值激励效应的抑制作用更强。综合表 7 - 10 保护性行业的上市公司中外部薪酬差距对公司价值的激励效应更弱,即:与处于竞争性行业的上市公司相比,保护性行业的上市公司中,外部薪酬差距的正面价值激励效应较弱,并且管理者权力对外部薪酬差距正面价值激励效应的抑制作用更强。

表 7 - 14　　　　基于行业竞争的管理者权力(Power2)、外部薪酬差距与公司价值

变量	模型① FV = ΔRoa	模型② FV = ΔRoe	模型③ FV = ΔOpr	模型④ FV = ΔRoa	模型⑤ FV = ΔRoe	模型⑥ FV = ΔOpr
Dispersion3	0.0172 ***	0.0343 ***	0.0280 ***			
	(18.92)	(14.20)	(13.97)			
Dispersion4				0.0110 ***	0.0243 ***	0.0205 ***
				(15.80)	(12.89)	(14.48)
Protect	0.00310	0.00880	-0.0348 **	0.00510	0.0101	-0.0329 **
	(0.32)	(0.36)	(-2.37)	(0.55)	(0.41)	(-2.22)
Power2	0.00760	0.0122 **	0.0240 **	0.0116 **	0.0199 ***	0.0315 ***
	(1.08)	(2.16)	(2.13)	(2.23)	(3.65)	(2.65)
Dispersion3 × Power2	-0.0105 ***	-0.0258 ***	-0.0284 ***			
	(-8.70)	(-9.39)	(-7.39)			
Dispersion3 × Power2 × Protect	-0.0069 **	-0.0171 ***	-0.0121 *			
	(-2.02)	(-3.18)	(-1.67)			
Dispersion4 × Power2				-0.0071 ***	-0.0187 ***	-0.0203 ***
				(-19.39)	(-9.13)	(-8.07)
Dispersion4 × Power2 × Protect				-0.0029 *	-0.0111 ***	-0.0115 **
				(-1.83)	(-2.89)	(-2.00)
Size	0.0031 ***	0.0148 ***	0.0261 ***	0.0029 ***	0.0150 ***	0.0260 ***
	(4.51)	(4.63)	(17.71)	(5.80)	(4.71)	(17.83)
Leverage	-0.1090 ***	-0.1204 ***	-0.3462 ***	-0.1084 ***	-0.1206 ***	-0.3461 ***
	(-37.23)	(-3.50)	(-44.17)	(-33.39)	(-3.50)	(-44.21)
Growth	0.0001 ***	0.0496 ***	0.0001 ***	0.0148 ***	0.0495 ***	0.0001 ***
	(6.84)	(10.33)	(9.33)	(9.32)	(10.33)	(9.16)

续表

变量	模型①	模型②	模型③	模型④	模型⑤	模型⑥
	FV = ΔRoa	FV = ΔRoe	FV = ΔOpr	FV = ΔRoa	FV = ΔRoe	FV = ΔOpr
cons	0.0108	-0.2321***	-0.3681***	0.0059	-0.2452***	-0.3750***
	(0.89)	(-4.40)	(-16.26)	(0.66)	(-4.63)	(-16.27)
年度	控制	控制	控制	控制	控制	控制
r2	0.2415	0.2021	0.3034	0.2727	0.2018	0.3038
N	6163	6163	6163	6163	6163	6163

注：***、**、* 分别表示在1%、5%、10%的水平上显著（双尾）；括号内为相应系数的T值。

四 稳健性检验

为验证本章上述研究结果的稳健性，本节分别进行了如下稳健性检验：（1）将全部样本分别依据Power1和Power2进行从小到大进行排序，以管理者权力变量的中位数为界，如果大于中位数，则取值为1，否则取值为0，检验结果一致；（2）用董事前三薪酬总额代替高管前三名薪酬总额，重新构建外部薪酬差距变量，检验模型的结果未有明显不同；（3）仅选择外部薪酬差距大于零的样本对管理者权力、外部薪酬差距与公司价值之间的关系进行检验，检验结果没有改变；（4）在公司价值的计量中，学者们经常采用市场价值指标托宾Q值，我们将托宾Q值作为公司价值的替代变量，检验结果一致。基于此，我们认为本章的研究结果具有稳健性。

本章从内部治理机制（或制度安排）内生于其所处的制度环境这一新制度经济学核心思想出发，以我国上市公司所处的地区和行业制度环境差异为基础，以我国A股非金融业上市公司为样本，实证检验管理者权力、薪酬差距与公司价值的关系。结果发现：在市场化程度越高的地区，内部（外部）薪酬差距的正面价值激励效应越强，并且市场化进程弱化了管理者权力对内部（外部）薪酬差距正面价值激励效应的抑制作用；与处于竞争性行业的上市公司相比，保护性行业的上市公司，内部（外部）薪酬差距的正面价值激励效应较弱，并且管理者权力对内部（外部）薪酬差距正面价值激励效应的抑制作用更强。本章的结果表明，作为内部治理机制的薪酬契约激励效应的发挥，但从契约激励本身出发，依靠完善管理者激励契约来解决激励不相容问题是不够的，外部治理环境的改善是管理者激励契约发挥应有效应的基础，我国现阶段除重视内部治理机制的完善和发展外，更应注重加快市场化发展进程和增进行业竞争程度，为内部治理机制的发展提供制度保障。

第八章 结论

第一节 主要研究结论与启示

尽管管理者薪酬激励问题从20世纪80年代起就引起了学术界和实务界的关注并日益成为公司治理研究的重点问题，但对于管理者薪酬激励效应的研究并未得出一致的结论，薪酬差距作为薪酬激励结构的重要内容，薪酬差距的设置是否具有相应的价值激励效应直接决定薪酬政策的制定是否有效。现有文献对薪酬差距与公司价值关系的研究多选择公司内部薪酬差距进行研究，且并未得出一致结论，管理者作为自利的经济人，不仅会将自身薪酬水平与公司内部员工进行比较，还会将自身薪酬水平与同行进行比较，而现有对外部薪酬差距的研究还很缺乏。基于此，本书以最优契约理论和委托代理理论为理论基础，将规范的研究方法与实证研究方法相结合，从管理者权力的视角出发，从内部薪酬差距和外部薪酬差距两个方面对薪酬差距与公司价值之间的关系进行系统的研究。此外，鉴于我国新兴/转轨的制度背景，上市公司的国有性质、上市公司所在地区市场化进程的发展情况以及所在行业的竞争情况不仅显著影响薪酬差距的价值激励效应，还进一步影响管理者权力对薪酬差距价值激励效应的影响，本书结合我国上市公司的不同股权性质、不同地区的市场化程度及不同行业的竞争程度对管理者权力、薪酬差距与公司价值之间关系作了进一步深入研究。

本书的主要结论包括：

第一，上市公司内部管理者与普通员工之间的薪酬差距具有正面的价值激励效应，支持锦标赛理论，适当的薪酬差距具有激励管理者释放其主动性和创造性的功效，但是在管理者权力的影响下，较大的内部薪酬差距更多地成为管理者利用其拥有的权力影响薪酬契约，进而进行寻租的一种体现，管理者权力的存在制约了管理者与普通员工薪酬差距正面价值激励效应的发挥。进一步的研究发现，管理者与普通员工之间的薪酬差距具有正面价值激励效应的原因在于：内部薪酬差距有效提高了薪酬与公司业绩之间的敏感性。管理者权力弱化内部薪酬差距激励效应的背后隐藏着被管理者权力降低的薪酬业绩敏感性。

可见，给予管理者高于普通员工的薪酬水平有利于公司价值的提升，但是公司内部薪酬差距的价值激励效应需要合理的控制权配置及公司治理机制作为其实现的保障，我国目前上市公司治理机制的不完善造成管理者权力的膨胀，损害了管理者薪酬激励契约的有效性，因此应当进一步完善公司治理机制，合理配置公司控制权，建立对管理者权力的有效监督与约束机制，以减少管理者利用其权力的寻租行为。

第二，我国上市公司外部薪酬差距与公司价值正相关，外部薪酬差距具有正面的价值激励效应，而管理者权力减弱了外部薪酬差距的正面价值激励效应。对管理者权力与外部薪酬差距影响公司价值的机理分析发现，外部薪酬差距能够提升公司价值的原因在于，外部薪酬差距有效地抑制了管理者对具有负面价值效应的在职消费的追求，而管理者权力弱化了外部薪酬差距对在职消费的抑制作用。

可见，外部薪酬差距因抑制管理层追求私有收益的管理行为而具有正面的价值效应，但外部薪酬的激励作用又受公司治理有效性的影响，当公司治理对管理层的权力不能形成的监督约束机制时，将会弱化外部薪酬差距的激励作用。因此，应不断完善公司治理机制，使管理者权力得到有效的监督和制衡，为形成科学合理的外部新酬差距，进而有效发挥其激励作用提供条件。

第三，上市公司的股权性质不仅影响薪酬差距的价值激励效应，还进一步影响管理者权力与薪酬差距价值激励效应的关系。本书的研究表明，上市公司的国有性质抑制了内部薪酬差距正面价值激励效应的发挥，并且强化了管理者权力对内部薪酬差距正面价值激励效应的抑制作用；上市公司的国有性质抑制了外部薪酬差距正面价值激励效应的发挥，并且强化了管理者权力对外部薪酬差距正面价值激励效应的抑制作用。

第四，上市公司所在地区的市场化程度不仅对薪酬差距的价值激励效应产生重要影响，还进一步影响管理者权力与薪酬差距价值激励效应的关系。具体而言，在市场化程度越高的地区，内部薪酬差距的正面价值激励效应越强，并且市场化进程弱化了管理者权力对内部薪酬差距正面价值激励效应的抑制作用；在市场化程度越高的地区，外部薪酬差距的正面价值激励效应越强，并且市场化进程弱化了管理者权力对外部薪酬差距正面价值激励效应的抑制作用。可见，市场化改革不仅提升了薪酬差距的正面激励效应，还能够抑制管理者利用其权力的寻租行为，因此应当继续加快市场化改革，从而为公司内部治理机制效用的发挥提供良好的外部治理环境。

第五，行业竞争程度的不同也使得上市公司所处的外部治理环境截然不同，进而影响管理者权力、薪酬差距与公司价值的关系。与处于竞争性行业的上市公司相比，保护性行业的上市公司，内部薪酬差距的正面价值激励效应较弱，并且管理者权力对内部薪酬差距正面价值激励效应的抑制作用更强；与处于竞争性行业的上市公司相比，保护性行业的上市公司，外部薪酬差距的正面价值激励效应较弱，并且管理者权力对外部薪酬差距正面价值激励效应的抑制作用更强。

第二节 研究的局限性与未来研究方向

管理者薪酬激励作为缓解管理者与股东之间委托代理问题的重要公司治理机制，管理者薪酬契约的有效性是公司治理与公司财务研究的重要问题，伴随着我国现代企业制度的建立及薪酬激励机制的发展，公司内部权力配置使得管理者掌握了较大的权力，加之转型过程中，缺乏对管理者权力有效的制约机制，管理者权力成为影响薪酬契约有效性的重要因素。在本书的写作过程中，随着对管理者薪酬有效性及管理者权力问题研究的深入，使我们逐渐意识到对于此问题的研究还存在众多问题亟待进一步思考。限于笔者的研究水平与写作时间的限制，这些问题在本书中未得到进一步深入的研究，现将其整理如下，作为我们未来进一步研究的方向：

第一，本书的研究结论表明我国上市公司管理者与普通员工的内部薪酬差距及管理者薪酬与同行业管理者的外部薪酬差距对公司价值具有正面激励效应，然而根据边际效益递减规律，在管理者拥有足够丰富的激励时，公司付出更高的货币薪酬可能很难获取同等的公司价值提升，因此，薪酬差距对公司价值的激励效应应该存在一个拐点，在这个拐点之后，薪酬差距的正面价值激励效应会降低。就管理者权力对薪酬差距价值激励效应的影响来说，在拐点之前和拐点之后的影响可能也会具有一定的差别。然而在本书的研究样本期间，实证检验并没有呈现这种结果，对于此，可能是由于我国上市公司的薪酬差距还没有达到这个拐点，由于我国国有上市公司中高管薪酬受到行政级别的约束和政府管制，使得国有上市公司的管理者往往存在激励不足的现象，据统计，2008年上市公司中有448位董事长放弃了薪酬，比例将近37%。[①] 此外，我国还没有形成成熟的经理人市场，这也

[①] 黄辉、张博、许宏：《管理层权力、国有控股与高管薪酬激励》，《经济问题》2013年第1期。

是影响管理者薪酬的一个因素，相对于发达国家管理者的高额薪酬，我国上市公司对管理者才能价值的认识水平还有待进一步提高。但是随着我国市场化进程的推进，资本市场的发展与完善，在今后的研究中应更加关注这一点，以此为上市公司制定有效的薪酬激励契约提供参考。

第二，本书对于管理者权力主要是从管理者自利的角度来分析的，而管理者作为公司的经营代理人，具有一定的公司经营决策权是其履行其代理人义务的前提，能够有效提高公司经营效率，而本书主要从管理者权力的负面影响进行研究，在管理者权力的度量方面，将其作为一个单一强度指标进行描述，未能考虑到管理者权力的正面影响，在一定程度上削弱了研究的深度与应用价值。

第三，管理层激励的方式是多样化的，不仅包括显性的货币薪酬，还包括股票期权激励及隐性的在职消费与职位晋升等，目前，由于中国的激励体制还不太健全和完善，一些长期的激励方式应用的范围还比较狭窄，而对这些激励方式的披露也没有统一标准。但是不可否认，作为管理者收益的一部分，这些激励方式必然会对管理者对其货币薪酬的重视程度产生一定影响，随着中国上市公司激励体制的逐步改革与完善，以及股权分置改革的完成，在未来的研究中，应当重视其他激励方式对货币薪酬差距及其价值激励效应的影响。

参考文献

步丹璐、蔡春、叶建明：《高管薪酬公平性问题研究——基于综合理论分析的量化方法思考》，《会计研究》2010 年第 5 期。

陈冬华、陈信元、万华林：《国有企业中的薪酬管制与在职消费》，《经济研究》2005 年第 2 期。

陈冬华、梁上坤、蒋德权：《不同市场化进程下高管激励契约的成本与选择：货币薪酬与在职消费》，《会计研究》2010 年第 11 期。

陈震、丁忠明：《基于管理层权力理论的垄断企业高管薪酬研究》，《中国工业经济》2011 年第 9 期。

陈震、张鸣：《高管层内部的级差报酬研究》，《中国会计评论》2006 年第 4 期。

陈震、张鸣：《业绩指标、业绩风险与高管人员报酬的敏感性》，《会计研究》2008 年第 3 期。

谌新民、刘善敏：《上市公司经营者报酬结构性差异的实证研究》，《经济研究》2003 年第 8 期。

代彬、刘星、郝颖：《高管权力、薪酬契约与国企改革——来自国有上市公司的实证研究》，《当代经济科学》2011 年第 4 期。

代彬、彭程：《高管控制权、资本扩张与企业财务风险——来自国有上市公司的经验证据》，《经济与管理研究》2012 年第 5 期。

代彬、彭程、郝颖：《国企高管控制权、审计监督与会计信息透明度》,《财经研究》2011年第11期。

杜兴强、王丽华:《高层管理当局薪酬与上市公司业绩的相关性实证研究》,《会计研究》2007年第1期。

樊纲、王小鲁、朱恒鹏:《中国市场化指数——各地区市场化相对进程2009年报告》,经济科学出版社2010年版。

樊纲、王小鲁、朱恒鹏:《中国市场化指数——各地区市场化相对进程2011年报告》,经济科学出版社2012年版。

方军雄:《高管权力与企业薪酬变动的非对称性》,《经济研究》2011年第4期。

方军雄:《我国上市公司高管的薪酬存在粘性吗?》,《经济研究》2009年第3期。

高文亮、罗宏、程培先:《管理层权力与高管薪酬粘性》,《经济经纬》2011年第6期。

洪峰:《管理层权力、治理结构与薪酬业绩敏感度》,《云南财经大学学报》2010年第5期。

黄辉、张博、许宏:《管理层权力、国有控股与高管薪酬激励》,《经济问题》2013年第1期。

江伟:《负债的代理成本与管理层薪酬——基于中国上市公司的实证分析》,《经济科学》2008年第4期。

江伟:《市场化程度、行业竞争与管理者薪酬增长》,《南开管理评论》2011年第5期。

江伟:《行业薪酬基准与管理者薪酬增长——基于中国上市公司的实证分析》,《金融研究》2010年第4期。

雷光勇、李帆、金鑫:《股权分置改革、经理薪酬与会计业绩敏感度》,《中国会计评论》2010年第1期。

李建伟:《公司治理中法律作用的局限性及其破解》,《商业经济与管理》2008年第7期。

李科、徐龙炳：《资本结构，行业竞争与外部治理环境》，《经济研究》2009年第6期。

李维安、刘绪光、陈靖涵：《经理才能、公司治理与契约参照点——中国上市公司高管薪酬决定因素的理论与实证分析》，《南开管理评论》2010第2期。

李维安、张国萍：《经理层治理评价指数与相关绩效的实证研究》，《经济研究》2005年第11期。

李增泉：《激励机制与企业绩效——一项基于上市公司的实证研究》，《会计研究》2000年第1期。

林俊清、黄祖辉、孙永祥：《高管团队内薪酬差距、公司绩效和治理结构》，《经济研究》2003年第4期。

刘斌、刘星、李世新、何顺文：《CEO薪酬与企业业绩互动效应的实证检验》，《会计研究》2003年第3期。

刘春、孙亮：《薪酬差距与企业绩效：来自国企上市公司的经验证据》，《南开管理评论》2010年第2期。

刘凤委、孙铮、李增泉：《政府干预、行业竞争与薪酬契约——来自国有上市公司的经验证据》，《管理世界》2007年第9期。

刘宁、张正堂：《企业内部薪酬差距的效应：研究评述》，《管理学报》2007年第6期。

刘星、代彬、郝颖：《高管权力与公司治理效率——基于国有上市公司高管变更的视角》，《管理工程学报》2012年第1期。

刘星、谢斯静：《股权集中、行业竞争与薪酬业绩牵扯：由我国上市公司生发》，《改革》2011年第4期。

刘星、徐光伟：《政府管制、管理层权力与国企高管薪酬刚性》，《经济科学》2012年第1期。

卢锐：《管理层权力、薪酬差距与绩效》，《南方经济》2007年第7期。

卢锐：《管理层权力、薪酬与业绩敏感性分析——来自中国上市公司的经验证据》,《当代财经》2008年第7期。

卢锐:《管理层权力视角下薪酬激励的代理问题分析》,《现代管理科学》2007年第7期。

卢锐、魏明海:《薪酬制定的管理层权力理论进展》,《经济管理》2008年第1期。

卢锐、魏明海、黎文靖:《管理层权力、在职消费与产权效率——来自中国上市公司的证据》,《南开管理评论》2008年第5期。

鲁海帆:《高管团队内薪酬差距、合作需求与多元化战略》,《管理科学》2007年第4期。

吕长江、赵宇恒:《国有企业管理者激励效应研究——基于管理者权力的解释》,《管理世界》2008年第11期。

罗宏、黄文华:《国企分红、在职消费与公司业绩》,《管理世界》2008年第9期。

南开大学公司治理评价课题组:《中国公司治理评价与指数报告——基于2007年1162家上市公司》,《管理世界》2008年第1期。

权小锋、吴世农:《CEO权力强度、信息披露质量与公司业绩的波动性——基于深交所上市公司的实证研究》,《南开管理评论》2010年第4期。

权小锋、吴世农、文芳:《管理层权力、私有收益与薪酬操纵》,《经济研究》2010年第11期。

邵平、刘林、孔爱国:《高管薪酬与公司业绩的敏感性因素分析——金融业的证据(2000—2005年)》《财经研究》2008年第1期。

王华、黄之骏:《经营者股权激励、董事会组成与企业价值》,《管理世界》2006年第9期。

王怀明、史晓明:《高管—员工薪酬差距对企业绩效影响的实证分析》,《经济与管理研究》2009年第8期。

王克敏、王志超:《高管控制权、报酬与盈余管理——基于中国上市公司的实证研究》,《管理世界》2007年第7期。

王一颖:《中国上市公司高管团队内部薪酬差异:成因及对企业绩效影响的实证分析》,硕士学位论文,复旦大学,2008年。

魏刚:《高级管理层激励与上市公司经营业绩》,《经济研究》2000年第3期。

吴联生、林景艺、王亚平:《薪酬外部公平性、股权性质与公司业绩》,《管理世界》2010年第3期。

吴育辉、吴世农:《企业高管自利行为及其影响因素研究——基于我国上市公司股权激励草案的证据》,《管理世界》2010年第5期。

夏立军、方轶强:《政府控制、治理环境与公司价值——来自中国证券市场的经验证据》,《经济研究》2005年第5期。

辛清泉、林斌、王彦超:《政府控制、经理薪酬与资本投资》,《经济研究》2007年第8期。

辛清泉、谭伟强:《市场化改革、企业业绩与国有企业经理薪酬》,《经济研究》2009年第11期。

胥佚萱:《企业内部薪酬差距、经营业绩与公司治理——来自中国上市公司的经验证据》,《山西财经大学学报》2010年第7期。

徐晓东、陈小悦:《第一大股东对公司治理、企业业绩的影响分析》,《经济研究》2003年第2期。

闫威、杨金兰:《锦标赛理论研究综述》,《华东经济管理》2010年第8期。

杨蕾、卢锐:《独立董事与高管薪酬——基于中国证券市场的经验证据》,《当代财经》2009年第5期。

杨兴全、曾义、吴昊旻:《市场化进程、终极股东控制与公司资本投资价值》,《商业经济与管理》2011年第3期。

杨兴全、张丽平、吴昊旻:《控股股东控制、管理层激励与公司过度投资》,《商业经济与管理》2012年第10期。

杨兴全、张照南:《制度背景、股权性质与公司持有现金价值》,《经济研究》2008年第12期。

曾思琦:《高管薪酬差距影响因素的实证研究》,硕士学位论文,暨南大学,2007年。

张俊瑞、赵进文、张建:《高级管理层激励与上市公司经营绩效相关性的实证分析》,《会计研究》2003年第9期。

张丽平、杨兴全:《管理者权力、管理层激励与过度投资》,《软科学》2012年第10期。

张敏、姜付秀:《机构投资者、企业产权与薪酬契约》,《世界经济》2010年第8期。

张维迎:《所有制、治理结构及委托—代理关系——兼评崔之元和周其仁的一些观点》,《经济研究》1996年第9期。

张正堂:《企业内部薪酬差距对组织未来绩效影响的实证研究》,《会计研究》2008年第9期。

张正堂、李欣:《高层管理团队核心成员薪酬差距与企业绩效的关系》,《经济管理》2007年第2期。

中山大学管理学院课题组:《控股股东性质与公司治理结构安排——来自珠江三角洲地区非上市公司的经验证据》,《管理世界》2008年第6期。

Adams J. S., "Towards an Understanding of Inequity", *Journal of Abnormal and Social Psychology*, Vol. 67, No. 5 (Dec., 1963).

Aggarwal R. K., Samwick A. A., "Executive Compensation, Strategic Competition, and Relative Performance Evaluation: Theory and Evidence", *Journal of Finance*, Vol. 54, No. 6 (Dec., 1999).

Aggarwal R. K., Samwick A. A., "Empire Builders and Shirkers: Investment, Firm Performance, and Managerial Incentives", *Journal of Corporate Finance*, Vol. 12, No. 3 (Jun., 2006).

Agrawal A. , Knoeber C. R. , "Firm Performance and Mechanisms to Control Agency Problems between Managers and Shareholders", *Journal of Financial and Quantitative Analysis*, Vol. 31, No. 3 (Sep. , 1996) .

Ahimud Y. , Lev B. , "Risk Reduction as a Managerial Motive for Conglomerate Mergers", *Bell Journal of Economics*, Vol. 12, No. 2 (Aut. , 1981) .

Akerlof G. A. , Yellen J. L. ,"The Fair Wage-Effort Hypothesis and Unemployment", *Quarterly Journal of Economics*, Vol. 105, No. 2 (May, 1990) .

Albuquerque R. A. , Miao J. , "CEO Power, Compensation, and Governance", Working Paper, 2007.

Antle R. , Smith A. , "An Empirical Investigation of the Relative Performance Evaluation of Corporate Executives", *Journal of Accounting Research*, Vol. 24, No. 1 (Spring, 1986) .

Baker G. P. , Jensen M. C. , Murphy K. J. , "Compensation and Incentives: Practice vs. Theory", *Journal of Finance*, Vol. 43, No. 3 (Jul. , 1988) .

Baron D. P. , Besanko D. , "Regulation, Asymmetric Information, and Auditing", *Rand Journal of Economics*, Vol. 15, No. 4 (Feb. , 1984) .

Bebchuk L. A. , Fried J. M. , Walker D. I. , "Managerial Power and Rent Extraction in the Design of Executive Compensation", *University of Chicago Law Review*, Vol. 69, No. 3 (Summer, 2002) .

Bebchuk L. A. , Grinstein Y. , Peyer U. , "Lucky CEOs and Lucky Directors", *Journal of Finance*, Vol. 65, No. 6 (Dec. , 2010) .

Bebchuk L. A. , Fried J. M. , *Pay without performance: the unfulfilled promise of executive compensation*, Boston: Harvard University Press, 2004.

Bebchuk L. A., Fried J. M., "Executive Compensation as an Agency Problem", *Journal of Economics Perspective*, Vol. 17, No. 3 (Summer, 2003).

Bebchuk L. A., Fried J. M., "Pay without Performance: overview of the Issues", *Acadamy of Management Perspective*, Vol. 20, No. 1 (Feb., 2006).

Bergstresser D., Philippon T., "CEO Incentives and Earnings Management", *Journal of Financial Economics*, Vol. 80, No. 3 (Jun., 2006).

Berle, Adolf A., Means G. C., *The Modern Corporation and Private Property*, New York: Macmillan, 1932.

Bertrand M., Hallock K. F., "The Gender Gap in Top Corporate Jobs", *Industrial & Labor Relations Review*, Vol. 55, No. 1 (Oct., 2001).

Bertrand M., Mullainathan S., "Are CEOs Rewarded for Luck? the Ones without Principals are", *The Quarterly Journal of Economics*, Vol. 116, No. 3 (Aug., 2001).

Bishop J., "The Recognition and Reward of Employee Performance", *Journal of Labor Economics*, Vol. 5, No. 4 (Oct., 1987).

Bizjak J., Lemmon, M., Naveen, L., "Does the use of Peer Groups Contribute to Higher Pay and Less Efficient Compensation?", *Journal of Financial Economics*, Vol. 90, No. 2 (Nov., 2008).

Bloom M., Milkovich G. T., "Relationships Among Risk, Incentive Pay, and Organizational Performance", *Academy of Management Journal*, Vol. 41, No. 3 (Jun., 1998).

Bognanno M. L., "Corporate Tournaments", *Journal of Labor Economics*, Vol. 19, No. 2 (Apr., 2001).

Boyd B. K., "Board Control and CEO Compensation", *Strategic Manage-*

ment Journal, Vol. 15, No. 5 (Jun., 1994).

Cai H., Fang H., Xu L. C., "Eat, Drink, Firms and Government: An Investigation of Corruption from Entertainment Expenditures of Chinese Firms", *Journal of Law & Economics*, Vol. 54, No. 1 (Feb., 2011).

Carpenter J. N., Remmers B., "Executive Stock Option Exercises and Inside Information", *Journal of Business*, Vol. 74, No. 4 (Oct., 2001).

Chen, Donghua, Li, Oliver Zhen, Liang, Shangkun. "Do Managers Perform for Perks?", Working Paper of Nanjing University, 2010.

Cheng S., Indjejikian R. J., "The Market for Corporate Control and CEO Compensation: Complements or Substitutes?", *Contemporary Accounting Research*, Vol. 26, No. 3 (Fall, 2009).

Claessens S., Djankov S., "Enterprise Performance and Management Turnover in the Czech Republic" *European Economic Review*, Vol. 43, No. 4–6 (Apr., 1999).

Conyon M. J., Murphy K. J., "The Prince and the Pauper? CEO Pay in the United States and United Kingdom", *The Economic Journal*, Vol. 110, No. 467 (Nov., 2000).

Conyon M. J., Peck S. I., Sadler G. V., "Corporate Tournaments and Executive Compensation: Evidence from the UK", *Strategic Management Journal*, Vol. 22, No. 8 (Aug., 2001).

Conyon M. J., Peck S. I., "Board Control, Remuneration Committees, and Top Management Compensation", *Academy of Management Journal*, Vol. 41, No. 2 (Apr., 1998).

Core J. E., Guay W., Larcker D. F., "the Power of Pen and Executive Compensation", *Journal of Financial Economics*, Vol. 88, No. 1 (Apr., 2008).

Core J. E., Guay W. R., "The other Side of the Trade-Off: the Impact of Risk on Executive Compensation: a Revised Comment", *Social Science Electronic Publishing*, Vol. 2, No. 4 (Dec., 2001).

Core J. E., Holthausen R. W., Larcker D. F., "Corporate Governance, Chief Executive Officer Compensation, and Firm Performance", *Journal of Financial Economics*, Vol. 51, No. 3 (Mar., 1999).

Cowherd D. M., Levine D. I., "Product Quality and Pay Equity Between Lower-Level Employees and Top Management: An Investigation of Distributive Justice Theory", *Administrative Science Quarterly*, Vol. 37, No. 3 (Sep., 1992).

Crystal G. S., *In Search of Excess: the Over-Compensation of American Executives*, New York: Norton, 1991.

Cyert R. M., Kang S. H., Kumar P., "Corporate Governance, Takeovers, and Top-Management Compensation: Theory and Evidence", *Management Science*, Vol. 48, No. 4 (Apr., 2002).

Demsetz H., "the Structure of Ownership and the Theory of the Firm", *Journal of Law & Economics*, Vol. 26, No. 2 (Jun., 1983).

Demski J. S., Feltham G. A., "Economic Incentives in Budgetary Control Systems", *Accounting Review*, Vol. 53, No. 2 (Apr., 1978).

Denis D. K., McConnell J. J., "International Corporate Governance", *Journal of Financial & Quantatitive Analysis*, Vol. 38, No. 1 (Mar., 2003)

Deutsch D., *Distributive Justice: a Social Psychological Perspective*, New Haven: Yale University Press, 1985.

Dixit A., "Power of Incentives in Private versus Public Organization", *American Economic Review*, Vol. 87, No. 2 (May, 1997).

Dongwei S., "State Ownership, Corporate Tournament and Executive Compensation: Evidence From Public Listed Firms in China", *Singapore Economic Review*, Vol. 56, No. 3 (Nov., 2011).

Dorff M. B., "Does One Hand Wash the Other? Testing the Managerial Power and Optimal Contracting Theories of Executive Compensation", *Journal of Corporation Law*, Vol. 30, No. 2 (Aug., 2005).

Dow J., Raposo C. C., "CEO Compensation, Change, and Corporate Strategy", *Journal of Finance*, Vol. 60, No. 6 (Dec., 2005).

Duffhues P., Kabir R., "Is the Pay-Performance Relationship always Positive?: Evidence from the Netherlands", *Journal of multinational financial management*, Vol. 18, No. 1 (Feb., 2008).

Dur R., Glazer A., "Optimal Contracts when a Worker Envies His Boss", *Journal of Law Economics and Organization*, Vol. 24, No. 1 (May, 2008).

Edmans A., Gabaix X., "Is CEO Pay Really Inefficient? A Survey of New Optimal Contracting Theories", *European Financial Management*, Vol. 15, No. 3 (Jun., 2009).

Eisenhardt K. M., Bourgeois L. J., "Politics of Strategic Decision Making in High-Velocity Environments: Toward a Midrange Theory", *Academy of Management Journal*, Vol. 31, No. 4 (Dec., 1988).

Eriksson T., "Executive Compensation and Tournament Theory: Empirical Tests on Danish Data", *Journal of Labour Economics*, Vol. 17, No. 2 (Apr., 1999).

Eriksson T., "Managerial Pay and Executive Turnover in the Czech and Slovak Republics", *Economics of Transition*, Vol. 13, No. 4 (Oct., 2005).

Fahlenbrach R., "Shareholder Rights, Boards, and CEO Compensation", *Review of Finance*, Vol. 13, No. 1 (Jan., 2009).

Fama, Eugene F., "Agency Problem and the Theory of the Firm", *Journal of Political Economics*, Vol. 88, No. 2 (Apr., 1980).

Faulkender M., Yang J., "Insider the Black Box: the Role and Composition of Compensation Peer Groups", *Journal of Financial Economics*, Vol. 96, No. 2 (May, 2010).

Festinger L. A., "A Theory of Social Comparison Processes", *Human Relations*, Vol. 7, No. 7 (May, 1954).

Finkelstein S., "Power in Top Management Teams: Dimensions, Measurement, and Validation", *Academy of Management Journal*, Vol. 35, No. 3 (Aug., 1992).

Firth M., Fung P. M. Y., Rui O. M., "Corporate performance and CEO compensation in China", *Journal of Corporate Finance*, Vol. 12, No. 4 (Sep., 2006).

Frank R. H., Cook P. J., *The Winner-Take-All Society: Why the Few at the Top Get So Much More than the Rest of Us*, New York: Free Press, 1995.

Frank S. A., "Hierarchical Selection Theory and Sex Ratios. ii. on Applying the Theory, and a Test With Fig Wasps", *Evolution*, Vol. 39, No. 5 (Sep., 1985).

Fredrickson J. W., Hambrick D. C., Baumrin S., "A Model of CEO Dismissal", *Academy of Management Review*, Vol. 13, No. 2 (Apr., 1988).

Greenberg J., "A Taxonomy of Organizational Justice Theories", *Academy of Management Review*, Vol. 12, No. 1 (Jan., 1987).

Greenberg J., "Creating Unfairmess by Mandationg Fair Procedures: The Hidden Hazards of a Pay-for-performance Plan", *Human Resource Management Review*, Vol. 13, No. 1 (Mar., 2003).

Grinstein Y., Hribar P., "CEO Compensation and Incentives: Evidence from M&A Bonuses", *Journal of Financial Economics*, Vol. 73, No. 1 (Jul., 2004).

Grinstein Y., Valles Arellano Y., "Separating the CEO from the Chairman Position: Determinants and Changes after the New Corporate Governance Regulation", Working Paper, 2008.

Grossman S. J., Hart O. D., "An Analysis of the Principal-Agent Problem", *Econometrica: Journal of the Econometric Society*, Vol. 51, No. 1 (Jan., 1983).

Gümbel A., "Managerial Power and Executive Pay", *Oxford Journal of Legal Studies*, Vol. 26, No. 1 (Spring, 2006).

Hall B. J., Liebman J. B., "Are CEOs Really Paid like Bureaucrats?" *Quarterly Journal of Economics*, Vol. 113, No. 3 (Aug., 1998).

Hallock K. F., "Reciprocally Interlocking Boards of Directors and Executive Compensation", *Journal of Financial and Quantitative Analysis*, Vol. 32, No. 3 (Sep., 1997).

Hambrick D. C., Finkelstein S., "The effects of Ownership Structure on Conditions at the top: The Case of CEO Pay", *Strategic Management Journal*, Vol. 16, No. 3 (Jan., 1995).

Harris M., Raviv A., "Optimal Incentive Contracts with Imperfect Information", *Journal of Economic Theory*, Vol. 20, No. 2 (Apr., 1979).

Hart O., "Corporate Governance: some Theory and Implications", *Economic Journal*, Vol. 105, No. 403 (May, 1995).

Hart O., "Financial Contracting", *Journal of Economic Literature*, Vol. 39, No. 4 (Dec., 2001).

Henderson A. D., Fredrickson J. W., "Information-Processing Demands as a Determinant of CEO Compensation", *Academy of Management Jour nal*, Vol. 39, No. 3 (Jun., 1996).

Henderson A. D., Fredrickson J. W., "Top Management Team Coordination Needs and the CEO Pay Gap: A Competitive Test of Economic and Behavioral Views", *Academy of Management Journal*, Vol. 44, No. 1 (Feb., 2001).

Holmstrom B., Kaplan S. N., "The State of US Corporate Governance: What's Right and What's Wrong?", *Journal of Applied Corporate Finance*, Vol. 15, No. 3 (Mar., 2003).

Holmstrom B., "Agency Costs and Innovation", *Journal of Economic Behavior & Organization*, Vol. 12, No. 3 (Dec., 1989).

Holmstrom B., "Pay without Performance and the Managerial Power Hypothesis: A Comment", *Journal of Corporation Law*, Vol. 30, No. 4 (Jul., 2005).

Hoskisson R. E., Hitt M. A., Hill C. W. L., "Managerial Risk Taking in Diversified Firms: An Evolutionary Perspective", *Organization Science*, Vol. 2, No. 3 (Aug., 1991).

Hui C. H., Triandis H. C., Yee C., "Cultural Differences in Reward Allocation: Is Collectivism the Explanation?", *British Journal of Social Psychology*, Vol. 30, No. 2 (Jun., 1991).

Hölmstrom B., "Moral Hazard and Observability", *Bell Journal of Economics*, Vol. 10, No. 1 (Spring, 1979).

Jensen M. B., Meckling W. H., "Theory of the Firm: Managerial Behavior, Agency Costs and Ownership Structure", *Journal of Financial Economics*, Vol. 3, No. 4 (Oct., 1976).

Jensen M. C., Murphy K. J., Wruck E. G., "Remuneration: Where We've been, How We Got to Here, What are the Problems, and How to Fix Them", *Social Electronic Publishing*, No. 2 (Jul., 2004).

Jensen M. C. , Murphy K. J. , "Performance Pay and Top-Management Incentives", *Journal of Political Economy*, Vol. 98, No. 2 (Apr. , 1990).

Jensen M. C. , "Agency Costs of Free Cash Flow, Corporate Finance and Takeover", *American Economic Review*, Vol. 76, No. 2 (May, 1986).

Jensen M. C. , "The Modern Industrial Revolution, Exit, and the Failure of Internal Control Systems", *Journal of Finance*, Vol. 48, No. 3 (Jul. , 1993).

Kahn L. M. , Sherer P. D. , "Contingent Pay and Managerial Performance", *Industrial & Labor Relations Review*, Vol. 43, No. 3 (Feb. , 1990).

Kaplan R. S. , Cooper R. , *Cost and effect: using integrated cost systems to drive profitability and performance*, Boston: Harvard Business Press, 1997.

Kato T. , Long C. , "Tournaments and Managerial Incentives in China's Listed Firms: New Evidence", *China Economic Review*, Vol. 22, No. 1 (Mar. , 2011).

Kim T. , Leung K. , "Forming and Reacting to Overall Fairness: A Cross-culture Comparison", *Organizational Behavior and Human Decision Processes*, Vol. 104, No. 1 (Sep. , 2007).

Kochan T. A. , McKersie R. B. , Cappelli P. B. , "Strategic Choice and Industrial Relations Theory", *Industrial Relations: A Journal of Economy and Society*, Vol. 23, No. 1 (Jan. , 1984).

Krishnan H. A. , Park D. , "Effects of top Management Team Change on Performance in Downsized US Companies", *Management International Review*, Vol. 38, No. 4 (4th Quarter, 1998).

Kuhnen C. , Zwiebel J. , "Executive pay, Hidden Compensation and Managerial Entrenchment", Rock Center for Corporate Governance

Working Paper No. 16, 2008.

Lambert R. A., Larcker D. F., Weigelt K., "The Structure of Organizational Incentives", *Administrative Science Quarterly*, Vol. 38, No. 3 (Sep., 1993).

Lazear E. P., Rosen S., "Rank-order Tournaments as Optimum Labor Contracts", *Journal of Political Economy*, Vol. 89, No. 5 (Oct., 1981).

Leventhal G. S., Karuza J., Fry W. R., "Beyond Fairness: A Theory of Allocation Preferences", *Justice and Social Interaction* (Springer-Verlag, 1980).

Leventhal G. S., "What Should be Done with Equity Theory? New Approaches to the Study of Fairness in Social Relationships", *Social Exchange Advances in Theory & Research*, (Jan., 1976).

Luo W., Zhang Y., Zhu N., "Bank Ownership and Executive Perquisites: New Evidence from an Emerging Market", *Journal of Corporate Finance*, Vol. 17, No. 2 (Apr., 2011).

Lynch J. G., "The Effort Effects of Prizes in the Second Half of Tournaments", *Journal of Economic Behavior & Organization*, Vol. 57, No. 1 (May, 2005).

Main B. G. M., O'Reilly C. A., Wade J., "Top Executive Pay: Tournament or Teamwork?", *Journal of Labor Economics*, Vol. 11, No. 4 (Jan., 1993).

Milgrom P., Roberts J., "Communication and Inventory as Substitutes in Organizing Production", *Scandinavian Journal of Economics*, Vol. 90, No. 3 (Sep., 1988).

Milgrom P. R., Roberts J., "Economics, Organization & Management", *Journal of Finance*, Vol. 48, No. 1 (Jan., 2000).

Milkovich G. T. , Newman J. M. , *Compensation*, Boston: Richard Irwin, 1996.

Miller D. , Shamsie J. , "Learning Across the Life Cycle: Experimentation and Performance among the Hollywood Studio Heads", *Strategic Management Journal*, Vol. 22, No. 8 (Aug. , 2001).

Mincer J. , "The Distribution of Labor Incomes: a Survey with Special Reference to the Human Capital Approach", *Journal of Economic Literature*, Vol. 8, No. 1 (Feb. , 1970).

Morse A. , Nanda V. , Seru A. , "Are Incentive Contracts Rigged by Powerful CEOs?", *Journal of Finance*, Vol. 66, No. 5 (Oct. , 2011).

Mueller D. C. , Yun S. L. , "Managerial discretion and managerial compensation", *International Journal of Industrial Organization*, Vol. 15, No. 4 (Jul. , 1997).

Murphy K. J. , "Corporate Performance and Managerial Remuneration: An Empirical Analysis", *Journal of accounting and economics*, Vol. 7, No. 1 - 3 (Apr. , 1985).

Murphy K. J. , "Explaining Executive Compensation: Managerial Power Versus the Perceived Cost of Stock Options", *University of Chicago Law Review*, Vol. 69, No. 3 (Summer, 2002).

Murphy K. J. , "Incentives, Learning, and Compensation: A Theoretical and Empirical Investigation of Managerial Labor Contracts", *Rand Journal of Economics*, Vol. 17, No. 1 (Jan. , 1986).

Murphy, K. , "Executive Compensation", *Handbook of Labor Economics*, Vol. 3, No. 2 (Dec. , 1999).

Otten R. , Eichholtz P. M. A. , Kok N. , "Executive Compensation in UK Property Companies", *Journal of Real Estate Finance & Economics*, Vol. 36, No. 4 (May, 2008).

O'Reilly C. A., Main B. G., Crystal G. S., "CEO Compensation as Tournament and Social Compensation: a Tale of Two Theories", *Administrative Science Quarterly*, Vol. 33, No. 2 (Jan., 1988).

Pfeffer J., *Competitive Advantage through People: Unleashing the Power of the Work Force*, Boston: Harvard Business School Press, 1994.

Pfeffer J., Davis-Blake A., "Salary Dispersion, Location in the Salary Distribution, and Turnover Among College Adminstrators", *Industrial and labor relations review*, Vol. 45, No. 4 (Jul., 1992).

Pfeffer J., Langton N., "The Effect of Wage Dispersion on Satisfaction, Productivity, and Working Collaboratively: Evidence from College and University Faculty", *Administrative Science Quarterly*, Vol. 38, No. 3 (Sep., 1993).

Pillai R., Williams E. S., Tan J. J., "Are the Scales Tipped in Favor of Procedural or Distributive Justice? An Investigation of the U. S., India, Germany, and Hong Kong (China)", *International Journal of Conflict Management*, Vol. 12, No. 4 (Oct., 2001).

Prendergast C., "The Provision of Incentives in Firms", *Journal of Economic Literature*, Vol. 37, No. 1 (Mar., 1999).

Rabe W. F., "Managerial Power", *California Management Review*, Vol. 4, No. 3 (Spring, 1962).

Rajan R. G., Wulf J., "Are Perks Purely Managerial Excess?", *Journal of Financial Economics*, Vol. 79, No. 1 (Jan., 2006).

Rosen S., *Contracts and the market for executives*, Oxford: Blackwell Press, 1992.

Rosen S., "Authority, Control and the Distribution of Earnings", *Bell Journal of Economics*, Vol. 13, No. 2 (Autumn, 1982).

Rosen S., "Prizes and Incentives in Elimination Tournaments", *American*

Economic Review, Vol. 76, No. 4 (Sep., 1986).

Ross S. A., "The Arbitrage Theory of Capital Asset Pricing", *Journal of Economic Theory*, Vol. 13, No. 3 (Dec., 1976).

Shavell S., "On Moral Hazard and Insurance", *Quarterly Journal of Economics*, Vol. 93, No. 4 (Nov., 1979).

Shirley M., Walsh P., "Public vs. Private Ownership: the Current State of the Debate", *Policy Research Working Paper*, Vol. 10, No. 5 (Jan., 2001).

Shivdasani A., Yermack D., "CEO Involvement in the Selection of New Board Members: An Ampirical Analysis", *Journal of Finance*, Vol. 54, No. 5 (Oct., 1999).

Shleifer A., Vishny R. W., "A Survey of Corporate Governance", *Journal of Finance*, Vol. 52, No. 2 (Jun., 1997).

Shleifer A., Vishny R. W., "Politicians and Firms", *Quarterly Journal of Economics*, Vol. 109, No. 4 (Nov., 1994).

Siegel P. A., Hambrick D. C., "Business Strategy and the Social Psychology of Top Management Teams", *Advances in Strategic Management*, Vol. 13, No. 13 (Jan., 1996).

Sloan R. G., "Accounting Earnings and Top Executive Compensation", *Journal of accounting and Economics*, Vol. 16, No. 1 –3 (Jan., 1993).

Tong K. K., Leung K., "Tournament as a Motivational Strategy: Extension to Dynamic Situations with Uncertain Duration", *Journal of Economic Psychology*, Vol. 23, No. 3 (Jun., 2002).

Tosi H. L., Werner S., Katz J. P., "How Much does Performance Matter? A Meta-Analysis of CEO Pay Studies", *Journal of Management*, Vol. 26, No. 2 (Apr., 2000).

Vickers J., Yarrow G., "Economic Perspectives on Privatization", *Journal of *Economic Perspectives*, Vol. 5, No. 2 (Spring, 1991).

Weisbach M. S., "Optimal Executive Compensation versus Managerial Power: A Review of Lucian Bebchuk and Jesse Fried's 'Pay without Performance: The Unfulfilled Promise of Executive Compensation'", *Journal of Economic Literature*, Vol. 45, No. 2 (Jun., 2007).

Werner S., Ward S. G., "Recent Compensation Research: An Eclectic Review", *Human Resource Management Review*, Vol. 14, No. 2 (Jun., 2004).

Yermack D., "Flights of Fancy: Corporate Jets, CEO Perquisites, and Inferior Shareholder Returns", *Journal of Financial Economics*, Vol. 80, No. 1 (Apr., 2006).

Yermack D., "Good Timing: CEO Stock Option Awards and Company News Announcements", *Journal of Finance*, Vol. 52, No. 2 (Jun., 1997).

Yermack D., "Higher Market Valuation for Firms With a Small Board of Directors", *Journal of Financial Economics*, Vol. 40, No. 2 (Feb., 1996).

后　　记

这部专著由我的博士学位论文修改而成。从论文选题、文献与数据收集、论文撰写、无数次的修改到最终的定稿，无一不凝聚着导师杨兴全教授的心血。能够在祖国的西部边陲从师于杨老师是我一生的荣幸与财富，先生高深的学术造诣、宽阔的视野、对学术孜孜不倦的追求与"淡泊明志、宁静致远"的精神常常令我倍感折服。感谢您总是能在我懈怠时直言不讳地指出，您的幽默风趣使得每次沟通与交流都变得轻松愉快。五年间从对学术一无所知的本科生到博士顺利毕业，您对我的帮助是无法用言语表达的，再次对您说一句：感激不尽。

感谢李万明教授、王生年教授、白俊教授、张红丽教授、吴昊旻教授等在博士论文开题、中期检查及答辩中提出重要建议。他们深邃的学术思想、严谨的治学态度、豁达宽容的为师之道，都将是我未来人生取之不尽、用之不竭的精神源泉！

感谢我的好友付玉梅在五年硕博生活中的陪伴，让我在完成学业的同时也收获了珍贵的友谊；感谢同门曾春华博士、姚曦博士与曾义博士，在课程学习、论文写作及生活中的坦诚沟通，为我枯燥的生活带来很多快乐的时光；感谢师弟陈洪、易林、罗璇、刘宁及师妹王博涵在数据收集方面的合作与支持；在博士课程的学习过程中，感谢魏巍博士、张锋博士、刘炳炳博士、王政爱博士、苏荟博士、汪存华博士、刘林博士、蒲佐毅博士等的融洽相处。

感谢父母多年的养育之恩，是你们的辛勤劳动与节衣缩食，使我在漫长的求学生涯中物质不至于太匮乏；感谢你们对我的牵挂与无尽的支持，让我时刻感受到亲情的关爱与温暖，善良与正直的你们是我最大的骄傲。

拙作的出版是我学术生涯的开始，今后的我唯有更加认真地生活，努力地工作才能回报老师与亲人对我的期待与关怀。

张丽平

2019 年 10 月